Kohlhammer

Malte Riemann/
Georg Löfflmann (Hrsg.)

Deutschlands Verteidigungspolitik

Nationale Sicherheit nach
der Zeitenwende

Verlag W. Kohlhammer

Im Gedenken an Christian Hetsch, FKpt d. R.

Dieses Werk einschließlich aller seiner Teile ist urheberrechtlich geschützt. Jede Verwendung außerhalb der engen Grenzen des Urheberrechts ist ohne Zustimmung des Verlags unzulässig und strafbar. Das gilt insbesondere für Vervielfältigungen, Übersetzungen, Mikroverfilmungen und für die Einspeicherung und Verarbeitung in elektronischen Systemen.

Dieses Werk enthält Hinweise/Links zu externen Websites Dritter, auf deren Inhalt der Verlag keinen Einfluss hat und die der Haftung der jeweiligen Seitenanbieter oder -betreiber unterliegen. Zum Zeitpunkt der Verlinkung wurden die externen Websites auf mögliche Rechtsverstöße überprüft und dabei keine Rechtsverletzung festgestellt. Ohne konkrete Hinweise auf eine solche Rechtsverletzung ist eine permanente inhaltliche Kontrolle der verlinkten Seiten nicht zumutbar. Sollten jedoch Rechtsverletzungen bekannt werden, werden die betroffenen externen Links soweit möglich unverzüglich entfernt.

Umschlagabbildung: Das militärische Transportflugzeug Airbus A400M nutzt die Bundeswehr seit Ende 2014, die Auslieferung von insgesamt 53 Maschinen soll bis 2026 abgeschlossen sein (Foto: ABmotion.De/stock.adobe.com).

1. Auflage 2023

Alle Rechte vorbehalten
© W. Kohlhammer GmbH, Stuttgart
Gesamtherstellung: W. Kohlhammer GmbH, Stuttgart

Print:
ISBN 978-3-17-043182-9

E-Book-Formate:
pdf: ISBN 978-3-17-043183-6
epub: ISBN 978-3-17-043184-3

Inhalt

Einleitung 9
Georg Löfflmann und Malte Riemann

Teil 1 Deutschlands sicherheitspolitische Rolle im 21. Jahrhundert

Von der Elbe nach Afghanistan und zurück:
Die Bundeswehr zwischen Landesverteidigung und
Krisenintervention... 19
Jorit Wintjes

Deutschlands Rolle in den Bündnissen:
Führungsmacht in EU und NATO?................................... 31
Jana Puglierin

Geopolitik und Seemacht im 21. Jahrhundert:
Die maritime Rolle Deutschlands 45
Johannes Peters

Die nukleare Teilhabe und nukleare Bedrohung Deutschlands 59
Severin Pleyer

Teil 2 Deutsche Verteidigungspolitik und die Zukunft der Bundeswehr

Die Zukunft nachträglich umsetzen:
Bundeswehrstruktur in der Zeitenwende......................... 73
Torben Schütz

Vier Fäuste und (k)ein Halleluja:
Rüstungsindustriepolitik in der Zeitenwende 84

Heiko Borchert und Joseph Verbovszky

Die Bundeswehr, neue Technologien und der Wandel
des Krieges im 21. Jahrhundert 97

Elisabeth Hoffberger-Pippan

Zeitenwende und die Bundeswehr im Auslandseinsatz:
Nie wieder Afghanistan? 123

Gustav Meibauer

Teil 3 Die Zeitenwende als Herausforderung für Politik, Militär und Gesellschaft in Deutschland

Bundeswehr und deutsche Gesellschaft: Die Berliner
Republik zwischen Militarisierung und Normalisierung   139

Frank A. Stengel

Zeit für eine feministische Wende in der Außenpolitik? 154

Jennifer Menninger

Zeitenwenden und Kriegsbilder 168

Ilhan Akcay

Drei Perspektiven zur strategischen Rolle Deutschlands
im 21. Jahrhundert 177

Rolf Clement, Eva Högl und Kersten Lahl

Anhang

Nationale Sicherheit in der Zeitenwende:
Wind of Change oder heiße Luft?................................. 193
Georg Löfflmann und Malte Riemann

Autorinnen und Autoren 207

Einleitung

Georg Löfflmann und Malte Riemann

Der Angriffskrieg Russlands gegen die Ukraine, der am 24. Februar 2022 mit einer großangelegten militärischen Offensive auf mehreren Fronten einsetzte, bedeutet eine Zäsur in der europäischen Nachkriegsordnung. Die russische Aggression stellt grundlegende Prinzipen des Völkerrechts und der UN-Charta in Frage; die hohe Anzahl ziviler Opfer und Meldungen über russische Kriegsverbrechen in der Ukraine haben international Schock und Empörung ausgelöst. Obwohl westliche Nachrichtendienste, vor allem in den USA, schon seit dem Dezember 2021 vor der Gefahr eines russischen Angriffs gewarnt hatten, traf der von Vladimir Putin euphemistisch als „militärische Spezialoperation" bezeichnete Krieg den Großteil der Staaten in NATO und EU relativ unvorbereitet. Die meisten europäischen Staaten, allen voran Deutschland, waren bis zum Schluss davon ausgegangen, dass es sich bei dem russischen Aufmarsch im ukrainischen Grenzgebiet um einen Bluff oder allenfalls die Vorbereitung einer begrenzten militärischen Aktion handele. Das Ausmaß und die Brutalität des russischen Vorgehens in der Ukraine lösten in der Folge einen grundsätzlichen Kurswechsel in der deutschen Verteidigungspolitik aus.

Nur drei Tage nach der weltpolitischen Zäsur des russischen Einmarschs, am 27. Februar, hielt Bundeskanzler Olaf Scholz eine Regierungserklärung im Bundestag. Scholz erklärte, dass der am 24. Februar begonnen Angriffskrieg Russlands auf die Ukraine eine *Zeitenwende* in der Geschichte Europas eingeläutet habe, weshalb die deutsche Außen-, Verteidigungs- und Sicherheitspolitik nachhaltig neu ausgerichtet werden müsse. Der Bundeskanzler unterstrich vor allem die Notwendigkeit der Modernisierung und Aufrüstung der Bundeswehr in allen Bereichen – einschließlich der fortgesetzten Fähigkeit zur nuklearen Teilhabe innerhalb der NATO. Zu den spektakulärsten Ankündigungen gehörte die Schaffung eines Sondervermögens von 100 Milliarden Euro zur sofortigen Erhöhung der Verteidigungsausgaben sowie das Versprechen, „von nun an – Jahr für Jahr – mehr als zwei Prozent des Bruttoinlandsprodukts in unsere Verteidigung [zu] investieren" und somit das Zwei-Prozent-Ziel der NATO nicht nur zu erfüllen, sondern regelmäßig zu übertreffen.[1] In einer für einen deutschen Regierungschef außergewöhnlichen Rhetorik warnte Scholz den russischen Präsidenten, die deutsche Entschlossenheit nicht zu unterschätzen, „gemeinsam mit unseren Alliierten jeden Quadratmeter des Bündnisgebietes zu verteidigen". Mit der Ankündigung, die Bewaffnung für Heron TP Drohnen aus Israel und amerikanische F-35 als Nachfolger des Tornado Jagdbombers als Träger der nuklearen Teilhabe zu beschaffen, wurden strittige verteidigungspolitische Themen, die über Jahre ergebnislos diskutiert worden waren, kurzerhand zum Abschluss gebracht. Deutschland würde auch seine vorherige militärische Zurückhaltung aufgeben und substanzielle Waffenlieferungen in die Ukraine, inklusive Artillerie und Flugabwehrpanzer, genehmigen. Die von Olaf Scholz angekündigte *Zeitenwende* steht somit für den vielleicht größten Paradigmenwechsel in der deutschen Außen-, Verteidigungs- und Sicherheitspolitik seit dem Zweiten Weltkrieg. Gleichzeitig stellt sich die Frage, wie nachhaltig und substanziell die *Zeitenwende* tatsächlich Strukturen und Prozesse in der deutschen Sicherheitspolitik verändern wird und wie die Ankündigungen, die nach dem ursprünglichen Schock über den Krieg in der Ukraine gemacht wurden, praktisch umgesetzt werden.

Ein epochaler Umbruch, wie die *Zeitenwende* ihn andeutet, stellt Politiker, Experten und die deutsche Öffentlichkeit vor die Heraus-

---

[1] https://www.bundesregierung.de/breg-de/aktuelles/regierungserklaerung-von-bundeskanzler-olaf-scholz-am-27-februar-2022-2008356 [Zugriff: 13.12.2022].

forderung, sich mit einer seit dem Ende des Kalten Krieges größtenteils vernachlässigten Thematik auseinanderzusetzen: der nationalen Sicherheit und Verteidigung Deutschlands mit militärischen Mitteln. Dieses Buch bietet hierzu eine kompakte Einführung, welche die *Zeitenwende* aus unterschiedlichen Perspektiven der politikwissenschaftlichen Forschung, inklusive der Friedens-, Konflikt- und Sicherheitsforschung, beleuchtet und verschiedene konzeptionelle Ansätze bietet, um die hieraus resultierenden Herausforderungen für Deutschland und seine strategische Rolle in Europa und der Welt einzuordnen und zu verstehen.

Das Buch wird von drei zentralen Fragestellungen geleitet, um diese hochkomplexe Thematik aufzuarbeiten und auch einer allgemeinen Leserschaft verständlich zu machen. Der erste Teil beschäftigt sich mit der Frage, was zur deutschen *Zeitenwende* geführt hat und wie diese im historischen, strategischen und geopolitischen Kontext zu verstehen ist. Die ersten vier Beiträge gehen dieser Frage aus unterschiedlichen analytischen Blickwinkeln nach.

Zunächst bietet *Jorit Wintjes* eine militärhistorische Betrachtung der Entwicklung der Bundeswehr, die insbesondere zwei Wendepunkte in den Fokus stellt: den Übergang nach 1990 von einer reinen Territorial- und Verteidigungsarmee zur globalen Einsatzarmee sowie die seit der Annexion der Krim 2014 einsetzende Rückbesinnung auf die Landes- und Bündnisverteidigung, die im Zuge der *Zeitenwende* forciert werden soll. Danach betrachtet *Jana Puglierin* die strategische Rolle Deutschlands in den prinzipiellen transatlantischen und europäischen multilateralen Sicherheitsbündnissen – NATO und Europäischen Union (EU) – und analysiert, welche Auswirkungen der Krieg in der Ukraine und die *Zeitenwende* auf Deutschland als militärische ‚Anlehnungsmacht' in Europa haben, insbesondere was die militärische Rückversicherung Deutschlands osteuropäischer Partner angeht. Darauf folgend beleuchtet *Johannes Peters* das geopolitische Umfeld und die maritime Rolle Deutschlands im

21. Jahrhundert, um die *Zeitenwende* auch unter geostrategischen Gegebenheiten einordnen zu können. Der russische Angriff auf die Ukraine findet statt vor dem Hintergrund einer zunehmenden globalen Konfrontation liberaler, demokratischer Staaten, angeführt von den USA, mit den autoritär regierten Großmächten Russland und China, die auch militärische Gewalt zur Durchsetzung ihrer politischen und territorialen Ziele einzusetzen bereit sind. Als führende Export- und Handelsnation bleibt Deutschland dabei auf die Freiheit der internationalen Seewege angewiesen und wird im asiatisch-pazifischen Raum auch mit den territorialen Machtansprüchen Chinas konfrontiert. Abschließend betrachtet *Severin Pleyer* die deutsche Rolle in der nuklearen Abschreckungsstrategie der NATO und zeigt, welchen nuklearen Bedrohungen Deutschland strategisch gegenübersteht, insbesondere in Form russischer Mittelstreckenraketen, die mit Nuklearsprengköpfen ausgestattet sind und die unter anderem die deutsche Hauptstadt Berlin von der Enklave Kaliningrad aus erreichen können.

Der zweite Teil dieses Buches geht der Frage nach, auf welche Herausforderungen die deutsche *Zeitenwende* in der Verteidigungspolitik eine Antwort finden muss. In den vier Beiträgen dieses Teiles betrachten Expertinnen und Experten aus Universitäten und Think Tanks im In- und Ausland ein breitgefächertes Spektrum an Thematiken zur militärischen Dimension der nationalen Sicherheit. Hierbei werden unterschiedliche politische, finanzielle, materielle und personelle Herausforderungen berücksichtigt und auch konkrete Reformvorschläge vorgestellt.

Zunächst wirft *Torben Schütz* einen Blick auf das Innenleben der deutschen Streitkräfte und erörtert, welche strukturellen Anpassungen die *Zeitenwende* hier erforderlich macht. Im Kern geht es darum, zu betrachten, wie es um die Organisation, Führungsstruktur, Einsatzfähigkeit und den personellen Umfang der Armee bestellt ist und wie eine adäquate militärische Ausrichtung der Bundeswehr im 21. Jahrhundert nach zwei Jahrzehnten des Schrumpfens und Sparens zu gewährleisten ist. Daran anschließend betrachten *Heiko Borchert* und *Joseph Verbovszky* das rüstungsindustrielle Ökosystem in Deutschland und erörtern die Auswirkungen der Zeitenwende auf die etablierten Prozesse und Strukturen im Beschaffungswesen, wobei sie einen dringenden Reformbedarf konstatieren, um die industrielle Produktion und Beschaffung von Rüstungsgütern für die deutschen Streitkräfte auf eine neue Stufe zu heben, was Geschwindigkeit, Quantität und Qualität angeht. Darauf folgt *Elisabeth Hoffberger-Pippans* Auseinandersetzung mit neuen Technologien, welche die Kriegführung im 21. Jahrhundert maßgeblich beeinflussen werden, wie etwa bewaffnete Drohnen und Entwicklungen im Bereich der künstlichen Intelligenz, die von der Bundeswehr entsprechende organisatorische, materielle und planerische Anpassungen erfordern. Der letzte Beitrag in diesem Themenkomplex von *Gustav Meibauer* beschäftigt sich mit den Auslandseinsätzen der Bundeswehr, insbesondere den größten Einsätzen der letzten Zeit in Afghanistan und Mali, und der Frage, inwiefern die *Zeitenwende* auch einen Einfluss auf zukünftige Einsatzszenarien der Bundeswehr außerhalb des NATO-Territoriums hat, von der militärischen Ertüchtigung von Partnernationen in Afrika bis hin zur Beteiligung an internationalen Kampfeinsätzen zur Terrorismusbekämpfung.

Der dritte und letzte Teil dieses Buches stellt die politischen, militärischen und gesellschaftlichen Herausforderungen der *Zeitenwende* für etablierte Leitbilder in der Sicherheits- und Verteidigungspolitik in den Mittelpunkt. Hierbei geht darum, sowohl den Wandel politischer und gesellschaftlicher Einstellungen zur Bundeswehr in den Blick zu nehmen als auch die Transformation etablierter Sicherheitsvorstellungen und Kriegsbilder im Zuge des russischen Angriffskrieges. Der ehemalige Bundespräsident Horst Köhler attestierte den Deutschen einst ein „freundliches Desinteresse" gegenüber den Streitkräften, jedoch haben die Nachrichtenbilder deutscher Soldaten bei der Evakuierung des Kabuler Flughafens im August 2021 und der Krieg in der Ukraine ein nie dagewesenes öffentliches Interesse an Sicherheits- und Verteidigungspolitik in Deutschland nach sich gezogen. Die Negativschlagzeilen der letzten Jahre über die zahlreichen Ausrüstungsmängel der Bundeswehr scheinen aber auch dazu beigetragen zu haben, dass in der deutschen Bevölkerung erhebliche Zweifel gewachsen sind, ob die Bundeswehr überhaupt noch in der Lage ist, ihren verfassungsmäßigen Kernauftrag zu erfüllen und die äußere Sicherheit Deutschlands zu gewährleisten.

Im ersten der vier Beiträge zu diesem Themenkomplex widmet sich *Frank A. Stengel* den gesellschaftspolitischen Herausforderungen, welche die *Zeitenwende* an die deutsche Friedensforschung und das etablierte Leitbild Deutschlands als Zivilmacht stellt. Hierbei widerspricht Stengel dem weitverbreiteten und auch in nationalen und internationalen Medien oft rezipierten Eindruck einer grundsätzlich pazifistischen Gesellschaft in Deutschland und zeigt auf, dass sich die verfassungsmäßige Rolle der Bundeswehr als Bündnis- und Verteidigungsarme auf eine breite Zustimmung in der Bevölkerung stützen kann. *Jennifer Menninger* beleuchtet anschließend die *Zeitenwende* aus feministischer Perspektive und erklärt, warum Deutschland von einer feministischen Wende in der Außen- und Sicherheitspolitik profitieren würde und welche politischen Schwerpunkte nach einer solchen strategischen Neuausrichtung zu setzen wären, die nationale Sicherheit neu denken und auch an den Erfordernissen der Human Security ausrichten würde. *Ilhan Akcay*, aktiver Offizier der Bundeswehr, setzt sich dagegen mit dem Wandel des Krieges im 21. Jahrhunderts auseinander. Hierbei hinterfragt er, welche Lehren aus dem russischen Angriffskrieg gegen die Ukraine zu ziehen sind und ob eine strategische Rückbesinnung der Bundeswehr auf die konventionelle Abschreckung eines russischen Angriffs auf NATO-Territorium mit einer Fokussierung auf gepanzerten Bodentruppen nicht zu einseitig gedacht ist und andere Erfordernisse, etwa zur unkonventionellen Kriegsführung, vernachlässigt. Im Schlussbeitrag dieses Teiles kommen drei prominente Stimmen aus Politik (*Eva Högl*), Bundeswehr (*Kersten Lahl*) und Medien (*Rolf Clement*) zu Wort und legen ihre individuelle Sichtweise auf zwei Kernpunkte der *Zeitenwende* da: (1) Was ist die strategische Rolle Deutschlands und welche Art von Streitkräften (Größe, Struktur, Ausrüstung etc.) benötigt Deutschland, um diese Rolle zu erfüllen? (2) Welche praktischen Hürden müssen genommen werden, um eine erfolgreiche *Zeitenwende* einzuleiten?

Schließlich fassen die Herausgeber, *Georg Löfflmann* und *Malte Riemann*, die Kernthesen aller Beiträge zusammen und wagen einen analytischen Ausblick auf die Zukunft der deutschen Außen-, Verteidigungs- und Sicherheitspolitik nach der *Zeitenwende*. Die zentrale Fragestellung, der sie dabei nachgehen, ist, ob und wie die *Zeitenwende* Deutschland auch politisch, gesellschaftlich und kulturell verändern wird. Insbesondere betrachten sie das Verhältnis zwischen der deutschen Bevölkerung und der Bundeswehr – als Mittel der Politik und Armee des Parlaments – sowie die Fragen, welche Folgen die Priorisierung von Fragen der nationalen Sicherheit und Verteidigung auf die Gesellschaft hat und ob eine historisch gewachsene strategische Kultur militärischer Zurückhaltung angesichts des Ukrainekrieges noch zeitgemäß ist.

Teil 1
Deutschlands sicherheitspolitische Rolle im 21. Jahrhundert

Von der Elbe nach Afghanistan und zurück: Die Bundeswehr zwischen Landesverteidigung und Krisenintervention

Jorit Wintjes

Die Geschichte organisierter Streitkräfte ist immer auch eine Geschichte von Reformen, Neu- und Umorganisationen. Spätestens seit dem Einsetzen eines dramatischen technologischen Fortschritts im 19. Jahrhundert sind Reformen ein ständiger, aber keineswegs immer freudig begrüßter Begleiter der Armeen der Moderne. Dabei lassen sich drei verschiedene Arten unterscheiden: Reformen, die durch technologischen Fortschritt hervorgerufen sind und sich auf den Einsatz von Technologie und die sich daraus ergebenden taktischen und operativen Konsequenzen beziehen, Reformen organisatorischer Natur, die sowohl die allgemeine Struktur der Streitkräfte als auch die Rekrutierung und Ausbildung von Personal betreffen, und Reformen, die auf eine grundlegende Neubewertung der Rolle und Funktion der Streitkräfte oder ihrer Teile zurückzuführen sind. Die Grenzen zwischen den drei Arten von Reformen sind allerdings fließend, und oft ergeben sich – nicht zuletzt aufgrund von äußeren Zwängen – Wechselwirkungen zwischen ihnen. Oft handelt es sich hierbei um die Auswirkung technologischer Neuerungen auf die Organisation der Streitkräfte, deren Struktur und Personalwesen beispielsweise an die Anforderungen neuer Technologie angepasst werden muss. Umgekehrt können Veränderungen organisatorischer Natur einen Ausdruck in der veränderten Nutzung von Technologie finden. Deutlich seltener lassen sich grundlegende Veränderungen der Funktion von Streitkräften beobachten, was zum einen daran liegt, dass solchen Veränderungen gewöhnlich ebenso grundlegende Veränderungen der politischen Lage vorausgehen, zum anderen aber auch auf den simplen Umstand zurückzuführen ist, dass präzise Funktionsbeschreibungen jenseits von „taking the king's shilling and killing the king's enemies" ein vergleichsweise neues Phänomen sind.

Die Bundeswehr bis zum Fall des Eisernen Vorhangs

Es ist daher durchaus bemerkenswert, dass am Beginn der ersten geeinten Streitkräfte eines deutschen Nationalstaates eine von fremder Hand verfasste Funktionsbeschreibung stand: So legte der Versailler Vertrag für das neu aufzustellende Heer des Deutschen Reiches fest, dieses sei „nur für die Erhaltung der Ordnung innerhalb des deutschen Gebietes und zur Grenzpolizei bestimmt" (Art. 160); Eingang in die Weimarer Verfassung fand diese Bestimmung dann aber nicht. Zwar bestimmte die Reichsverfassung, dass die Verteidigung des Reiches dem Heer obliege, weitere Regelungen wurden aber an ein entsprechendes Reichsgesetz verwiesen (Art. 79). Das Grundgesetz der Bundesrepublik Deutschland enthielt zunächst keine derartigen Bestimmungen, die Einfügung von Artikel 87a im März 1956 benannte dann allerdings erneut deutlich die Verteidigung als Auftrag der neu aufzustellenden *Streitkräfte*, eine Bestimmung, die im Juni 1968 durch eine Erweiterung nochmals geschärft wurde; so heißt es: „Außer zur Verteidigung dürfen die Streitkräfte nur eingesetzt werden, soweit dieses Grundgesetz es ausdrücklich zulässt" (Art. 87a Abs. 2). Seit ihrer Gründung diente die Bundeswehr daher primär der Verteidigung, und auch wenn sowohl der Zusammenbruch des Ostblocks als auch die neuen Herausforderungen zu Veränderungen der konkreten Ausgestaltung der Bundeswehr geführt haben, hat sich mehr als 65 Jahre nach ihrer Gründung an dieser grundsätzlichen Ausrichtung nichts geändert.

Dabei unterlag die Bundeswehr allerdings den gleichen Notwendigkeiten zur Anpassung wie viele deutsche Armeen vor ihr, und so ist die Geschichte der Bundeswehr auch eine Geschichte von in teilweiser schneller Taktung aufeinanderfolgenden Reformen (Rink/von Salisch 2010, 4 f.). Im Rückblick erscheint die Frequenz von Reformen in den etwa dreißig Jahren zwischen dem Zusammenbruch des Ostblocks und der im Frühjahr 2022 angekündigten *Zeitenwende* besonders hoch. Es sollte aber nicht vergessen werden, dass auch die Bundeswehr des Kalten Krieges bereits teilweise erhebliche Wandlungen durchmachte, die nicht nur deutliche Auswirkungen auf Ausrüstung, Einsatzformen und Strukturen hatten, sondern zum Teil auch durch äußere Veränderungen angestoßen wurden. Die einzelnen Teilstreitkräfte waren hiervon in unterschiedlichem Maße betroffen.

So sah sich das *Heer* bereits der Notwendigkeit organisatorischer Veränderungen gegenüber, noch ehe der Erstaufbau in seiner ursprünglich geplanten Gliederung abgeschlossen war; bereits nach nicht einmal drei Jahren wurde die Heeresstruktur 1 durch eine neue Struktur ersetzt, die den Anforderungen des durch die Einführung taktischer Nuklearwaffen veränderten Gefechtsfelds Rechnung trug. Diese neue Heeresstruktur 2 hatte etwa ein Jahrzehnt Bestand, bevor die Einführung der *flexible response*-Strategie durch die NATO erneut Veränderungen notwendig machte. Nach wiederum etwa einem Jahrzehnt wurde die resultierende Heeresstruktur 3 dann von der Heeresstruktur 4 abgelöst, die für die organisatorische Ausgestaltung des Heeres der 1980er Jahre maßgeblich war. Die für das dann folgende Jahrzehnt geplante Heeresstruktur 5 wurde durch den Zusammenbruch des Ostblocks 1989/90 obsolet und nur in Ansätzen umgesetzt (MGFA 1985, 82–86, 119–137). Blickt man vom Fall der Mauer und seinen Folgen zurück auf die Anfangsjahre des Heeres, so ist eine deutliche Regelmäßigkeit im Bemühen erkennbar, seine Strukturen an neue Rahmenbedingungen und Herausforderungen anzupassen. Auch die *Luftwaffe* durchlief einen ähnlichen

Prozess, der allerdings mit den Reformen des Heeres zeitlich nicht deckungsgleich war. So kam es erst 1963 mit der Luftwaffenstruktur 2 zu einer umfassenden Neuorganisation, die aber bereits vier Jahre später in der Luftwaffenstruktur 3 revidiert wurde; diese hatte dann bis zum Ende des Kalten Krieges Bestand (MGFA 1985, 86–90, 140–149). Veränderungen deutlich weniger drastischer Natur durchlief die *Marine*. Auch hier kam es allerdings zu Beginn der 1960er Jahre insofern zu einer Neuorientierung, als der bislang bestehende Fokus auf Küstenvorfeldoperationen in der Ostsee deutlich erweitert wurde und nun auch den Schutz von Überwasserkommunikationslinien in der Nordsee und die Teilnahme an der *Standing Naval Force Atlantic* vorsah (MGFA 1985, 90–94, 155–170).

Insgesamt zeigt sich, dass die Reformen und Veränderungen die einzelnen Teilstreitkräfte auf sehr unterschiedliche Art und Weise betrafen; diese Unterschiedlichkeit kann als wesentliches Merkmal der Veränderungen der ersten gut 30 Jahre des Bestehens der Bundeswehr angesehen werden. Quer zu diesen zumeist organisatorischen Umformungen verliefen personale Veränderungen von nicht geringerer Wichtigkeit für die Entwicklung der Bundeswehr. Hier bildet das Ausscheiden der ersten Generation von Berufssoldaten in den 1960er Jahren eine erste wichtige Wegmarke. Die folgenden Jahre war dann immer wieder von Personalengpässen in der schnell wachsenden Bundeswehr geprägt; Versuche, die Attraktivität des Soldatenberufs zu steigern, führten erst um die Mitte der 1970er Jahre zu einem dauerhaften Erfolg. Bis Mitte der 1980er Jahre stieg der Personalbestand der Bundeswehr dann auf knapp 500.000 Mann; allein das Heer, das den zahlenmäßig stärksten Beitrag zu den Landstreitkräften der NATO in Mitteleuropa stellte, war in den 30 Jahren seines Bestehens bis 1985 auf eine Friedensstärke von 345.000 Mann aufgewachsen, die im Verteidigungsfall auf 1.055.000 vermehrt werden konnte (MGFA 1985, 138).

Die Bundeswehr zwischen 1990 und 2022

Der Zusammenbruch des Ostblocks und das Ende des Kalten Krieges markieren insofern eine wichtige Zäsur, als durch eine grundlegende politische Lageänderung zum ersten Mal in der Geschichte der Bundeswehr alle drei Teilstreitkräfte zum gleichen Zeitpunkt vor neue und ähnliche Aufgaben gestellt wurden, die umfangreiche Maßnahmen der Reorganisation notwendig machten. Hierzu zählte vor allem die im „Zwei-plus-Vier-Vertrag" von 1990 vereinbarte Reduzierung der Gesamtstärke der Bundeswehr auf 370.000 Mann innerhalb eines Zeitraums von drei bis vier Jahren (Art. 3 Abs. 2; Schlaffer/Sandig 2015, 115–118); diese wurde allerdings erst 1994 erreicht. Die Auflösung und Abwicklung der Nationalen Volksarmee der DDR stellte einen wichtigen Teil dieses Prozesses dar. Von etwa 90.000 Mann wurden zunächst rund 18.000 in die Bundeswehr eingegliedert, von denen schließlich 11.000 als Berufssoldaten dauerhaft übernommen wurden (Clement/Jöris 2005, 111 f.). Die umfangreiche Materialausstattung der Nationalen Volksarmee wurde in den auf die Wiedervereinigung folgenden Jahren teilweise an Verbündete abgegeben, auf dem freien Markt verkauft oder vernichtet. Neben der Notwendigkeit zur organisatorischen Anpassung und personellen Reduzierung brachte der Zusammenbruch des Ostblocks auch eine umfassende politische Lageänderung mit sich: Die Bedrohung, auf deren Abwehr die Bundeswehr seit ihrer Gründung primär ausgerichtet war, existierte so nicht mehr.

Der deutlich veränderten Lage trugen die *Verteidigungspolitischen Richtlinien* aus dem Jahr 1992 Rechnung. Zwar standen Landes- und Bündnisverteidigung noch an erster Stelle der Aufgaben der Bundeswehr, doch ging man nun in der „dauerhaft verbesserte Sicherheitslage […] [von] einer nutzbaren Warnzeit von mindestens einem Jahr" aus; die Bundeswehr sollte deswegen konsequent den Charakter einer Mobilmachungsarmee erhalten, wobei keine grundsätzliche Verengung des Fähigkeitsspektrums vorgesehen war (BMVg

1992, 46). Gleichzeitig legten die Richtlinien aber bereits den Grundstein für ein verändertes Verständnis von der Aufgabe der Bundeswehr, indem sie Krisenmanagement als „künftige Schwerpunktaufgabe an die Stelle der bisherigen Ausrichtung auf die Abwehr einer großangelegten Aggression" (BMVg 1992, 48) setzten. Die damit einhergehende Forderung, dieser Aufgabe auch hinsichtlich der Investitionen Priorität einzuräumen, stellte den Abbau von primär der Landes- und Bündnisverteidigung zugeordneten Fähigkeiten dann bereits in den Raum, ohne sie jedoch konkret auszusprechen.

Zu diesem Zeitpunkt hatte die Bundeswehr schon erste Erfahrungen in Auslandseinsätzen im Rahmen von NATO-Operationen und UN-Missionen gewonnen: Während des Zweiten Golfkriegs wurden Anfang 1991 Teile zweier Luftwaffeneinheiten in die Türkei zur Unterstützung gegen einen möglichen Angriff durch den Irak verlegt, im Anschluss an die Kampfhandlungen nahm die Marine dann an einer Minenräumoperation im Persischen Golf unter der Führung der Westeuropäischen Union teil. Auch an der Überwachung der Adria zur Durchsetzung von gegen Jugoslawien verhängten Wirtschaftssanktionen und Waffenembargos waren deutsche Kriegsschiffe ab 1993 beteiligt; im gleichen Jahr entsandte die Bundeswehr ein Feldlazarett im Rahmen einer UN-Blauhelmmission nach Kambodscha, an der bereits seit Ende 1991 deutsche Sanitätssoldaten in geringer Stärke teilgenommen hatten. Den bis zu diesem Zeitpunkt umfangreichsten Einsatz bildete die deutsche Unterstützung der UN-Mission in Somalia (UNSOM): Zwischen 1993 und 1995 kamen insgesamt rund 3.000 Mann verteilt auf zwei Kontingente zum Einsatz. Die Aufgabe des deutschen Kontingents bestand dabei ursprünglich in der logistischen Unterstützung anderer UNSOM-Einheiten in Zentralsomalia; tatsächlich betätigte sich das deutsche Kontingent vor allem im Bereich der Unterstützung ziviler Infrastruktur. Obwohl der Somalia-Einsatz über weite Strecken eher ziviler Entwicklungshilfe ähnelte, bildete er einen wichtigen Wegpunkt in der Geschichte der Bundeswehr; so wurde mit der Einrichtung des Vereinte Nationen Ausbildungszentrums in Hammelburg erstmals institutionelle Unterstützung für Auslandseinsätze geschaffen (Clement/Jöris 2005, 119–124).

Diese ersten Auslandseinsätze der Bundeswehr außerhalb Deutschlands und außerhalb des Bündnisgebietes waren mit teilweise intensiven politischen Diskussionen verbunden, auf die hier aus Platzgründen nicht näher eingegangen werden kann. In einem zentralen Streitpunkt, der Frage nach der Verfassungsmäßigkeit derartiger Einsätze, brachte das Bundesverfassungsgericht durch eine Entscheidung im Juli 1994, die Auslandseinsätze nach der Zustimmung durch den Bundestag für verfassungskonform erklärte, Klarheit (BVerfGE 90, 286). Bemerkenswert ist immerhin, dass in der Diskussion um eine immer stärkere Ausrichtung auf solche Einsätze die Folgen für Struktur und Fähigkeiten der Bundeswehr eine sehr geringe Rolle spielten. Tatsächlich wirkte es so, als rückte die Realität des Kalten Krieges rasch in sehr weite Ferne; das 1994 veröffentliche *Weißbuch* konstatierte bereits selbstsicher, „Deutschlands territoriale Integrität und die seiner Verbündeten" sei „auf absehbare Zeit nicht existenziell bedroht" (BMVg 1994, 205).

Und tatsächlich schien die Bundeswehr schnell einen neuen Platz in der durch den Fall des Eisernen Vorhangs veränderten Welt zu finden. Im Frühsommer 1999 beteiligten sich deutsche Kampfflugzeuge im Kosovo-Krieg an der NATO-Operation „Allied Force", was zu teilweise heftigen politischen Auseinandersetzungen in Deutschland führte. Nach Beendigung der Kampfhandlungen stellte die Bundeswehr dann Kontingente für die KFOR-Stabilisierungsmission ebenso wie für die später aus der SFOR-Mission in Bosnien-Herzegowina hervorgegangene EUFOR-Operation „Althea". Die Terroranschläge des 11. September 2001 gaben schließlich den vielleicht wichtigsten Impuls zu einer Neuausrichtung der Bundeswehr. An den militärischen Anstrengungen der unter der Führung der USA entstandenen Anti-Terror-Koalition nahm die Bundeswehr sowohl mit einem am Horn von Afrika stationierten Verband als auch mit

Kontingenten im Rahmen der NATO-geführten ISAF-Mission teil (Clement/Jöris 2015, 124–127). Der Afghanistan-Einsatz veränderte die Bundeswehr nachhaltig; zwischen 2002 und 2014 nahmen Tausende Bundeswehrangehörige an der ISAF-Mission teil, 57 von ihnen fanden dabei den Tod.

Die Erfahrung eines von erheblicher Asymmetrie auf dem Schlachtfeld gekennzeichneten Konflikts, dessen Wurzeln nicht im Handeln staatlicher Akteure, sondern in einer terroristischen Bedrohung lagen, führte schließlich dazu, dass bereits die *Verteidigungspolitischen Richtlinien* von 2003 den 1994 noch vorsichtig eingeschlagenen Weg jetzt mit deutlicher Konsequenz weitergingen:

> „Die herkömmliche Landesverteidigung gegen einen konventionellen Angriff als allein strukturbestimmende Aufgabe der Bundeswehr entspricht nicht mehr den aktuellen sicherheitspolitischen Erfordernissen. Die nur für diesen Zweck bereitgehaltenen Fähigkeiten werden nicht länger benötigt." (BMVg 2003, 12)

Noch deutlicher hielt das drei Jahre später erschienene *Weißbuch* von 2006 fest:

> „Internationale Konfliktverhütung und Krisenbewältigung einschließlich des Kampfes gegen den internationalen Terrorismus sind auf absehbare Zeit ihre wahrscheinlicheren Aufgaben. Sie sind strukturbestimmend und prägen maßgeblich Fähigkeiten, Führungssysteme, Verfügbarkeit und Ausrüstung der Bundeswehr." (BMVg 2006, 67)

Die Formulierungen der *Verteidigungspolitischen Richtlinien* und des *Weißbuches* zeigen, dass der mit dem Zurücktreten von Landes- und Bündnisverteidigung einhergehende Verlust an Fähigkeiten Teil eines gezielten Umbaus der Bundeswehr war. Dieser fand organisatorisch in der sogenannten Transformation der Bundeswehr seinen Ausdruck, die zu tiefgreifenden Veränderungen und einer starken Ausrichtung auf Auslandseinsätze asymmetrischer Natur führte (Weisswange 2010). So wurden die Kräfte der Bundeswehr in drei Kategorien aufgeteilt: *Eingreifkräfte*, die für aktive Interventionsaufgaben vorgesehen waren, *Stabilisierungskräfte*, die vor allem im Rahmen von stabilisierenden Einsätzen geringerer Intensität zum Einsatz kommen sollten, sowie *Unterstützungskräfte*. Der Transformationsprozess fand schließlich durch eine grundlegende politische Entscheidung ein Ende, die auch neue *Verteidigungspolitische Richtlinien* anstieß: Im Sommer 2011 wurde die allgemeine Wehrpflicht nicht zuletzt aus Kostengründen ausgesetzt. Die im gleichen Jahr erschienenen Richtlinien enthielten dann bezeichnenderweise einen Passus, wonach „auch der verteidigungspolitische Etat einen Beitrag zu der gesamtstaatlichen Aufgabe, den Bundeshaushalt zu konsolidieren", zu leisten hatte (BMVg 2011, 20). Hinsichtlich der Fähigkeiten der Bundeswehr folgten die Richtlinien hier dem *Weißbuch* von 2006 und hielten fest: „Die wahrscheinlicheren Aufgaben der internationalen Konfliktverhütung und Krisenbewältigung bestimmen die Grundzüge der neuen Struktur der Bundeswehr" (BMVg 2011, 27). Die Aussetzung der allgemeinen Wehrpflicht machte umfassende Neuorganisationen in der Bundeswehr notwendig, die unter der Bezeichnung „Neuausrichtung der Bundeswehr" ab 2011 schrittweise umgesetzt wurde.

Bis 2014 wurde die Bundeswehr vor allem als Einsatzarmee verstanden, wobei die Erfahrungen aus Afghanistan sicher mit dafür verantwortlich waren, dass die Fähigkeiten der Bundeswehr im Wesentlichen auf einen stark asymmetrischen Konflikt ausgerichtet waren. Der russische Überfall auf die Krim im Frühjahr 2014 führte dann zu einem gewissen Umdenken, das seinen Ausdruck im derzeit aktuellen *Weißbuch* von 2016 gefunden hat: Zwar zählt auch hier internationales Krisenmanagement noch zu den zentralen Zielen der Bundeswehr, an erster Stelle wird nun aber wieder die Landes- und Bündnisverteidigung genannt (BMVg 2016, 91). Eine veränderte Wehrbeschaffung, in der nicht zuletzt multinationaler Kooperation besondere Bedeutung zugesprochen wird, soll die Bundeswehr in ihren Aufgaben unterstützen, wobei die Formulierung, „Die Modernisierung des Rüstungsmanagements ist ein mittel- bis langfristiges Projekt" (BMVg 2016, 128), erahnen lässt, wie groß die Aufgabe ist, vor der die Bundeswehr hier steht. Bis zu den Ereignissen des Februars 2022 erwiesen sich budgetäre Beschränkungen als wichtigstes Problem bei der geplanten Neuausrichtung.

Ausblick – Zeitenwende 2022?

Blickt man vom russischen Angriffskrieg des Jahres 2022 zurück auf den Zusammenbruch des Ostblocks, so zeigt sich, dass die Bundeswehr in den dazwischenliegenden drei Jahrzehnten eine erhebliche Entwicklung durchgemacht hat. An die Stelle eines Defensivauftrags in einem angenommenen Großkonflikt in Mitteleuropa trat zunächst die Beteiligung an friedenssichernden und friedenserhaltenden Einsätzen in einem weltweiten Rahmen. Diese Veränderung führte die Bundeswehr schrittweise von weitestgehend friedlichen Einsätzen wie der Beteiligung an UNSOM über erste Beteiligungen an Kampfeinsätzen während des Kosovokrieges schließlich nach Afghanistan. Dort sah sie sich für rund ein Jahrzehnt einem Gegner gegenüber, der bei allem Erfindungsreichtum und aller individuellen Zähigkeit über ein minimales Fähigkeitenspektrum verfügte und – mit großem Erfolg – einen höchst asymmetrischen Krieg führte. So veränderte sich der Blick auf die Einsatzrealitäten im Vergleich zum Kalten Krieg erheblich: Die Bundeswehr operierte nun in einer Umgebung, die von der ständigen Verfügbarkeit von Kommunikation geprägt war und die Einrichtung umfangreicher Kommandostellen ermöglichte, die in einem Einsatz gegen einen Gegner ohne die Fähigkeit zur elektronischen Aufklärung (ELINT) und ohne die Möglichkeit, präzise Artillerieschläge gegen die eigene Kommandoinfrastruktur durchzuführen, gefahrlos ein hohes Maß an kleinteiliger Steuerung durchführen konnten. Im Gegenzug wurde ein breites Spektrum an Fähigkeiten, denen während des Kalten Krieges große Bedeutung zugemessen worden war, entweder abgebaut oder ganz aufgegeben.

Dazu teilten Tausende Bundeswehrangehörige die Erfahrung eines Einsatzes in Afghanistan, der so prägenden Einfluss auf das Bild militärischer Konflikte hatte und mit einer gewissen Zwangsläufigkeit zu einer Verengung in der Wahrnehmung künftiger Einsätze führte. Dies ist nicht so sehr Ausdruck der Engstirnigkeit und Rückwärtsgewandtheit militärischer Organisationsformen, wie ein vielbemühtes Bonmot suggeriert, laut dem Armeen versuchen, den letzten Krieg zu gewinnen, anstatt sich auf den bevorstehenden vorzubereiten. Vielmehr handelt es sich um die zwangsläufige Folge der Ansammlung und Institutionalisierung von Erfahrungswissen. Dementsprechend ist Fokussierung auf den Charakter des jeweils letzten Einsatzes keineswegs ein auf die Bundeswehr beschränktes Phänomen: So konzentrierte sich die US Army in den Jahren nach dem Ende des Vietnamkrieges zunächst auf die Aufarbeitung dieses weitgehend als asymmetrisch wahrgenommenen Konfliktes, nur um im Oktober 1973 im Yom-Kippur-Krieg recht unsanft – wenn auch nur als Beobachter – mit den Realitäten eines *peer-level conflict* konfrontiert zu werden.

In diesen und vergleichbaren Fällen, die sich bis ins 19. Jahrhundert zurückverfolgen lassen, ging die Veränderung des Bildes vom künftigen Konflikt immer wieder mit der Notwendigkeit einher, neue Fähigkeiten zu gewinnen – oder solche, die bei einer vorherigen Richtungsänderung aufgegeben worden waren, zurückzugewinnen. Die historische Erfahrung zeigt, dass dies ein langwieriger und, da er teilweise mit der Lösung von Erfahrungswissen verbunden ist, durchaus auch schmerzhafter Prozess sein kann. Diesen hat die Bundeswehr trotz der bereits 2016 erfolgten Weichenstellungen für eine Neuausrichtung noch vor sich.

Literatur

BMVg – Bundesministerium der Verteidigung (Hrsg.) (1992): Verteidigungspolitische Richtlinien, Bonn.

BMVg – Bundesministerium der Verteidigung (Hrsg.) (1994): Weißbuch 1994, Bonn.

BMVg – Bundesministerium der Verteidigung (Hrsg.) (2003): Verteidigungspolitische Richtlinien, Berlin.

BMVg – Bundesministerium der Verteidigung (Hrsg.) (2006): Weißbuch 2006, Berlin.

BMVg – Bundesministerium der Verteidigung (Hrsg.) (2011): Verteidigungspolitische Richtlinien, Berlin.

BMVg – Bundesministerium der Verteidigung (Hrsg.) (2016): Weißbuch zur Sicherheitspolitik und zur Zukunft der Bundeswehr, Berlin.

Clement, Rolf/Jöris, Paul Elmar (2005): 50 Jahre Bundeswehr 1955 bis 2005, Hamburg.

Heidenkamp, Henrik (2010): Der Entwicklungsprozess der Bundeswehr zu Beginn des 21. Jahrhunderts, Frankfurt a. M.

MGFA – Militärgeschichtliches Forschungsamt (Hrsg.) (1985): 30 Jahre Bundeswehr. 1955–1985. Friedenssicherung im Bündnis, Mainz.

Rink, Martin/von Salisch, Marcus (2010): Zum Wandel in deutschen Streitkräften von den preußischen Heeresreformen bis zur Transformation der Bundeswehr, in: Lutz, Karl-Heinz et al. (Hrsg.): Reform, Reorganisation, Transformation, München, 1–25.

Schlaffer, Rudolf J./Sandig, Marina (2015): Die Bundeswehr 1955 bis 2015: Sicherheitspolitik und Streitkräfte in der Demokratie, Freiburg i. Br.

Weisswange, Jan-Philipp (2010): Die Transformation der Bundeswehr. Ist alles im Fluss?, in: Lutz, Karl-Heinz et al. (Hrsg.): Reform, Reorganisation, Transformation, München, 429–447.

Deutschlands Rolle in den Bündnissen: Führungsmacht in EU und NATO?

Jana Puglierin

Angesichts des russischen Angriffskriegs in der Ukraine muss sich die Bundesrepublik als sicherheitspolitische Akteurin neu definieren. Verteidigungsministerin Christine Lambrecht sprach im September 2022 davon, dass Deutschland Führungsmacht sein müsse, „auch im Militärischen" (Lambrecht 2022). Dies setzt ein weitreichendes politisches und gesellschaftliches Umdenken voraus: Die Bundespolitik und die deutsche Öffentlichkeit müssen sich von der „Friedensdividende" verabschieden und auf absehbare Zeit auch von dem Gedanken, dass Russland als verantwortungsvoller Akteur in die bestehende europäische Sicherheitsordnung integriert werden kann. Stattdessen muss sich Deutschland auch nach einem eventuellen Ende der unmittelbaren Kriegshandlungen in der Ukraine auf einen langfristigen und umfassenden Konflikt mit dem Kreml einstellen. Die von Bundeskanzler Olaf Scholz am 27. Februar 2022 konstatierte *Zeitenwende* im Verhältnis zu Russland geht mit einem sich immer weiter verschärfenden globalen Systemkonflikt zwischen China und den Vereinigten Staaten von Amerika einher. In Berlin befürchten viele, dass die strategischen Interessen der Vereinigten Staaten daher zukünftig primär im indopazifischen Raum liegen (Löfflmann 2017, 112), dass die Sicherheit Europas auf der amerikanischen Prioritätenliste weiter nach unten rutschen könnte und dass sich die Europäer deshalb zukünftig sehr viel mehr im Rahmen der Landes- und Bündnisverteidigung, aber auch beim Krisenmanagement engagieren müssen, um Europas Sicherheit zu gewährleisten. Dies hat auch Auswirkungen auf Deutschlands Rolle in der Europäischen

Union und in der NATO. In beiden Organisationen wird die Bundesrepublik zukünftig einen größeren Teil der Lasten schultern müssen.

Die NATO und die EU sind für Deutschland von existenzieller Bedeutung. Seit Gründung der Bundesrepublik 1949 sind europäische Integration und enge transatlantische Kooperation die beiden tragenden Pfeiler deutscher Außenpolitik. Erst die feste Verankerung in die NATO und die EU (bzw. zuvor die Europäischen Gemeinschaften) hat es den Deutschen nach 1945 ermöglicht, in die westliche Wertegemeinschaft aufgenommen zu werden. Indem sich das bevölkerungsreichste und wirtschaftlich mächtigste Land Europas gemeinsamen Regeln, Institutionen und Entscheidungsprozesse unterwarf, und unter den sicherheitspolitischen Schutzschirm der NATO schlüpfte, gelang es, dass Deutschland nach 1949 nicht mehr länger als Bedrohung für Europa und die Welt gesehen wurde.

Das „Brexit"-Referendum im Vereinigten Königreich und die Wahl von Donald Trump zum amerikanischen Präsidenten wirkten daher 2016 wie zwei dicht aufeinander folgende politische Erdbeben für Deutschland. Zum ersten Mal seit dem Ende des Zweiten Weltkriegs schienen die beiden Grundpfeiler deutscher Außenpolitik gleichzeitig bedroht. In ihrer unmittelbaren Reaktion auf das Brexit-Votum sagte die damalige Bundeskanzlerin Angela Merkel am 24. Juni 2016:

> „Sie [die EU] ist unser Garant für Frieden, Wohlstand und Stabilität, und nur gemeinsam werden wir unsere Werte von Freiheit, Demokratie und Rechtsstaatlichkeit und unsere Interessen – wirtschaftliche, soziale, ökologische, außen- und sicherheitspolitische – im globalen Wettbewerb auch weiter behaupten können" (Merkel 2016).

In der Folge setzte Berlin alles daran, den Zusammenhalt in der EU wieder zu stärken und die Fliehkräfte einzufangen.

Die fundamentalen Zweifel an der Beständigkeit der amerikanischen Sicherheitsgarantie für Europa, die Trump in den Jahren seiner Amtszeit in das transatlantische Bündnis brachte, führten dazu, dass Merkel 2017 konstatierte: „Die Zeiten, in denen wir uns auf andere völlig verlassen konnten, die sind ein Stück vorbei." Indem sie außerdem anfügte, die Europäer hätten ihr Schicksal „selbst in der Hand", plädierte sie für eine stärkere EU und ein aktiveres Deutschland, um dieses Ziel zu erreichen (zit. nach Puglierin 2017). Fortan verfolgte die Bundesrepublik eine Politik nach dem Motto „Europäischer werden, transatlantisch bleiben", wie es die damalige Verteidigungsministerin Ursula von der Leyen auf der Münchner Sicherheitskonferenz 2018 umschrieb (von der Leyen 2018). Die NATO blieb für Deutschland zwar weiterhin der zentrale Pfeiler deutscher Sicherheits- und Verteidigungspolitik, gleichzeitig bemühte sich die Bundesregierung aber sehr aktiv um eine substanzielle und nachhaltige Stärkung der Gemeinsamen Sicherheits- und Verteidigungspolitik (GSVP) der EU.

Deutschland als Befürworter einer handlungsfähige Europäischen Verteidigungsunion

Als es nach dem Brexit-Votum 2016 darum ging, ein gemeinsames europäisches Zukunftsprojekt mit der französischen Regierung zu identifizieren, sahen Berlin und Paris im Bereich Sicherheits- und Verteidigungspolitik das größte Potenzial. Dieser immer noch relative junge Politikbereich war erstmals 1999 der Säule der Europäischen Außen- und Sicherheitspolitik hinzugefügt worden – zunächst als Europäische Sicherheits- und Verteidigungspolitik (ESVP), dann mit dem Vertrag von Lissabon umbenannt in Gemeinsame Sicherheits- und Verteidigungspolitik (GSVP). Das Aufkommen neuer Sicherheitsrisiken in den 1990er Jahren hatte dazu geführt, dass sich unter den Europäern, vorangetrieben insbesondere von Frankreich und Großbritannien, mehr und mehr der Wunsch entwickelte, die

EU mit eigenständigen militärischen und zivilen Fähigkeiten auszustatten. Prägend war hier die europäische Erfahrung während der Balkankriege, ohne amerikanisches Militär nahezu handlungsunfähig zu sein. Die nachfolgenden Jahre zeigten jedoch, dass kein wirklicher Konsens darüber herrschte, welche Ziele die EU als sicherheitspolitische Akteurin, gerade in Abgrenzung zur NATO, eigentlich verfolgen sollte und welche Mittel die Mitgliedstaaten dazu bereitstellen wollten. Sicherheits- und Verteidigungspolitik hatte auf EU-Ebene keine große Priorität.

Diese Leerstelle wollten Deutschland und Frankreich füllen. Gemeinsam waren sie die treibende Kraft hinter drei wichtigen Initiativen, die das Fundament für eine Europäische Verteidigungsunion bilden sollen. Mit der Einführung der Ständigen Strukturierten Zusammenarbeit (PESCO), des Europäischen Verteidigungsfonds (EDF) und der jährlichen Überprüfung der Verteidigung (CARD) zwischen 2017 und 2019 gelang es Paris und Berlin, nach Jahrzehnten des Stillstands die GSVP wiederzubeleben (Besch/Puglierin 2019, 46). Seitdem setzten sich auch alle nachfolgenden Bundesregierungen dafür ein, die Handlungsfähigkeit der EU stetig zu erhöhen, innereuropäische Entscheidungsprozesse effizienter zu machen und die militärischen Fähigkeiten der EU auszubauen. Im Koalitionsvertrag hielten die Parteien der Ampelkoalition im Dezember 2021 fest:

> „Unser Ziel ist eine souveräne EU als starker Akteur in einer von Unsicherheit und Systemkonkurrenz geprägten Welt. Wir setzen uns für eine echte Gemeinsame Außen-, Sicherheits- und Verteidigungspolitik in Europa ein. Die EU muss international handlungsfähiger und einiger auftreten" (SPD/Grüne/FDP 2021, 135).

Bis heute erfüllt die EU im Bereich Sicherheit- und Verteidigung aus Berliner Sicht mehrere Funktionen (Besch/Puglierin 2019, 47). Nach 2016 ging es vor allem darum, ein zusätzliches Band zwischen den Mitgliedstaaten zu knüpfen und die Kohärenz in der EU zu stärken. Integration war zunächst wichtiger als Schlagkraft. Noch immer ist es Ziel der Bundesregierung, die GSVP inklusiv zu gestalten. Deutschland sieht sich traditionell als „Land in der Mitte des Kontinents", dessen Aufgabe es ist, „Ost und West, Nord und Süd in Europa zusammenzuführen". So hat es auch Olaf Scholz in seiner europapolitischen Grundsatzrede in Prag formuliert (Scholz 2022a). Dementsprechend möchte Berlin ein Treiber für eine handlungsfähige GSVP sein, aber ohne andere Länder dabei abzuhängen.

Dies zeigte sich auch in der deutschen Initiative für einen Strategischen Kompass der EU, welche die Bundesregierung im Rahmen ihrer Ratspräsidentschaft im 2. Halbjahr 2020 angestoßen hatte und welche in der Veröffentlichung des Dokuments unter französischer Ratspräsidentschaft im März 2022 mündete. Ziel des Strategischen Kompasses ist es, mehr Kohärenz in die existierenden sicherheits- und verteidigungspolitischen Initiativen PESCO, EDF und CARD zu bringen und neue Impulse für die europäische Sicherheits- und Verteidigungskooperation zu geben. Es ging für Berlin darum, ein von allen geteiltes Verständnis für die Ziele der GSVP zu schaffen, um so auch die Handlungsfähigkeit der EU in diesem Politikfeld zu erhöhen. Aus deutscher Sicht ist deshalb nicht nur das Dokument an sich ein Erfolg, sondern auch der Verhandlungsprozess, der zu seiner Veröffentlichung geführt hat. Erstmals haben sich alle Mitgliedstaaten der EU auf eine gemeinsame Bedrohungsanalyse geeinigt sowie auf konkrete Vorschläge und Aktionspunkte, Zieldaten und Meilensteine zur Messung der Fortschritte, welche der Rat der EU und der Europäische Rat auch regelmäßig überprüfen sollen.

Für die Bundesregierung stellt eine handlungsfähigere GSVP keine Alternative zur NATO da. Im Koalitionsvertrag betont die Ampelkoalition die Notwendigkeit von Interoperabilität und Komplementarität mit Blick auf Kommandostrukturen und Fähigkeiten. Die EU sollte ein Vehikel sein, um den europäischen Fußabdruck in der Allianz mit den Amerikanern langfristig zu vergrößern. Dieser Aspekt gewinnt vor dem Hintergrund der *Zeitenwende* und der wiedererstarkten Bedeutung territorialer Verteidigung noch einmal enorm an Bedeutung. Schon vor Ausbruch des Krieges in der Ukraine hatte sich Deutschland im Zuge des Strategischen Kompasses für eine möglichst enge Kooperation zwischen EU und NATO stark gemacht. Es liegt zukünftig im Interesse Deutschlands, dass sich die EU als „Möglichmacherin" einer erhöhten europäischen Verteidigungsfähigkeit positioniert – indem sie zu mehr Resilienz beiträgt, indem sie einen Rahmen und Anreize für die Entwicklung europäischer Fähigkeiten setzt, die dann auch im NATO-Rahmen eingesetzt werden können, oder durch die Europäische Friedensfazilität, mit deren finanzieller Unterstützung Partner (wie z. B. die Ukraine) ausgerüstet werden können.

Militärisch mangelt es den Europäern erheblich an Fähigkeiten. Gerade angesichts der neuen Dringlichkeit sollte der Fokus europäischer Rüstungskooperation auf gemeinsam koordinierten und verstärkten Investitionen in europäische Verteidigungskapazitäten und innovative Militärtechnologie liegen – einer der größten Schwachpunkte der europäischen Verteidigung bislang. Im Strategischen Kompass haben sich die Mitgliedstaaten verpflichten, mehr und besser zu investieren, Fragmentierung zu überwinden, auf volle Interoperabilität ihrer Streitkräfte hinzuwirken, kritische Fähigkeitslücken gemeinsam zu schließen und eine resiliente, wettbewerbsfähige und innovative technologische und industrielle Basis der europäischen Verteidigung zu schaffen. Mit dem Sondervermögen von 100 Milliarden Euro hätte es Deutschland in der Hand, einen wesentlichen Beitrag zu leisten (Mölling/Schütz 2022). In Prag hat Bundeskanzler Scholz jüngst die Notwendigkeit einer noch viel engeren Kooperation der europäischen Rüstungsindustrie betont (Scholz 2022a). Aus Berliner Sicht scheint es allerdings zunächst Priorität zu haben, die eigenen Fähigkeitslücken schnell durch verfügbares Gerät, oftmals von US-Firmen produziert, zu schließen. Die Frustration über die sehr schwierige Kooperation mit Frankreich und Spanien beim zukünftigen Kampfflugzeug FCAS (Future Combat Air System) hat den Appetit auf gemeinsame europäische Rüstungsprojekte in Berlin deutlich gemindert. Fällt Deutschland als Treiber europäischer Rüstungskooperation allerdings aus, kann Europa auf diesem Gebiet nicht vorankommen. Wie häufig in der deutschen Europapolitik klafft hier (noch) eine Lücke zwischen pro-europäischer Rhetorik und deren Umsetzung.

In Berlin weiß man, dass der europäische Anteil an der transatlantischen Lastenteilung in der NATO steigen muss, auch um sicherzustellen, dass zukünftige US-Regierungen die NATO weiterhin als Institution sehen, die ihren Interessen dient. Hier könnte die EU aus deutscher Sicht ein wichtiges Instrument sein, auch durch die Flankierung von NATO-Politik mit nicht-militärischen Mitteln, die der Allianz nicht zur Verfügung stehen, wie beispielsweise Sanktionen. Aus der Perspektive Berlins ist die EU besser in der Lage, viele der Sicherheitsherausforderungen zu bewältigen, für die militärische Mittel (eher) ungeeignet sind, sondern stattdessen u. a. neue Rechtsvorschriften, den Schutz kritischer Infrastrukturen und die Prüfung ausländischer Investitionen erfordern.

Auch im Bereich Krisenmanagement ist die EU aus deutscher Sicht eine relevante Akteurin. Auch wenn die NATO den Bereich Krisenprävention und Krisenmanagement weiter als einen Schwerpunkt benennt, liegt ihr klares Hauptaugenmerk auf Abschreckung und Verteidigung. Vor dem Hintergrund der amerikanischen Prioritätenverschiebung in den asiatischen Raum könnten die Europäer perspektivisch stärker gefragt sein, wenn es um die Bewältigung von Krisen und Konflikten in der europäischen Peripherie geht. Nach den Erfahrungen in Afghanistan und Mali hat sich allerdings auch in Deutschland eine starke Interventionsmüdigkeit eingestellt. Der Schwerpunkt des deutschen und europäischen Engagements wird deshalb absehbar eher auf Kapazitätsaufbau in Partnerländern liegen. Dennoch hat Deutschland ein klares Interesse an einer starken und relevanten GSVP, die auch militärische Einsatzfähigkeit umfasst. Die Bundeswehr kann sich aus verfassungsrechtlichen Gründen nur schwer an *out-of-area*-Operationen beteiligen, die nur von einzelnen oder wenigen Staaten in flexiblen Ad-hoc-Koalitionen durchgeführt werden. Sie versucht daher, die GSVP als Plattform attraktiver zu machen, statt sich in Formaten außerhalb der EU zu engagieren (Puglierin 2020).

Deutschland als Rückgrat europäischer Sicherheit in der NATO

Die NATO ist seit jeher von zentraler Bedeutung für die deutsche Sicherheitspolitik. Sie ist nach wie vor ihr Anker und ihr wichtigster Handlungsrahmen im Bereich der Verteidigung (Besch 2022, 141). Allein die vollständige Integration der Bundeswehr in die Kommandostrukturen der NATO machte die westdeutsche Wiederbewaffnung in den 1950er Jahren überhaupt möglich. Als Frontstaat im Kalten Krieg garantierten die Präsenz alliierter Truppen und der nukleare Schutzschirm der USA die Sicherheit und territoriale Unversehrtheit der Bundesrepublik. Bis heute orientiert sich die Planung der Bundeswehr fast ausschließlich an den Streitkräftezielen der NATO. Aus deutscher Sicht symbolisiert die NATO vor allem die enge politische und militärische Verbindung zwischen Washington und Europa. Im *Weißbuch* 2016 wird das transatlantische Bündnis als für die Sicherheit Europas „unverzichtbar" bezeichnet: Nur gemeinsam mit den USA könne Europa sich wirkungsvoll gegen die Bedrohungen des 21. Jahrhunderts verteidigen und glaubwürdige Abschreckung gewährleisten (BMVg 2016, 49). Es gehört daher zum breit geteilten überparteilichen außenpolitischen Konsens der Bunderepublik, über die NATO zur kollektiven Verteidigung beizutragen. Bündnissolidarität ist ein Grundprinzip der deutschen Außen- und Sicherheitspolitik.

Die Wahl Donald Trumps zum amerikanischen Präsidenten im November 2016 und die anschließende massive Verschlechterung des transatlantischen Verhältnisses erschütterten diesen Konsens erstmalig fundamental. Natürlich hatte es auch vorher schon Zerwürfnisse zwischen Berlin und Washington gegeben. Nun aber stellte Trump in seit dem Zweiten Weltkrieg noch nie dagewesener Weise nicht nur die amerikanischen Sicherheitsgarantien für Europa in Frage, sondern stand der EU auch offen feindlich gegenüber. Die Bundesrepublik kritisierte er unverhohlen als sicherheitspolitischen Trittbrettfahrer, weil sie die Zielvorgabe, zwei Prozent des eigenen Bruttoinlandsproduktes für Verteidigung auszugeben, nicht erreichte. Die fundamentale Unsicherheit über die Verlässlichkeit des amerikanischen Engagements in Europa, die Trump in die Allianz gebracht hat, ist seitdem aus den deutschen Debatten über die NATO nie ganz verschwunden – auch weil Trump die Republikanische Partei in den USA fest in seinem Griff hat und nicht auszuschließen ist, dass er 2024 erneut die Präsidentschaftswahlen gewinnt.

Dennoch hat nicht zuletzt der russischen Angriffskrieg auf die Ukraine völlig klar gemacht, dass die NATO aus deutscher Sicht die zentrale Organisation ist, die die europäische Sicherheit garantiert. Putins Krieg hat das Bündnis so relevant gemacht wie nie zuvor seit Ende des Kalten Krieges und die amerikanischen Regierung unter Joe Biden hat nicht den geringsten Zweifel daran gelassen, dass sie vollumfänglich zu ihrer sicherheitspolitischen Verantwortung in Europa steht. Deutschland sieht sich besonders gefordert, zukünftig noch mehr als bislang zum Abschreckungsdispositiv der NATO beizutragen, auch um die USA bei der Stange zu halten. Bei der Bundeswehrtagung im September 2022 machte Bundeskanzler Scholz deutlich, dass er den Kernauftrag der Bundeswehr in der Landes- und Bündnisverteidigung sieht: „Alles andere leitet sich aus diesem Auftrag ab" (Scholz 2022b). Damit soll sich die Bundeswehr zukünftig noch mehr als bislang auf ihren eigentlichen Kernauftrag konzentrieren.

Bereits nach der rechtswidrigen Annexion der Krim 2014 durch Russland hatte die Bundesregierung dazu beigetragen, die Verteidigungsfähigkeit der Allianz zu erhöhen, vor allem zugunsten der östlichen Verbündeten. Der deutsch geführte multinationale Gefechtsverband in Litauen ist dafür das sichtbarste Beispiel. Deutschland besitzt seit jeher aus politischen, wirtschaftlichen und historischen Gründen ein besonderes Interesse an Mittel- und Osteuropa und empfindet eine besondere Verantwortung für die Region. Im Koalitionsvertrag von 2021 hatten auch die Parteien der Ampel-Regierung signalisiert:

> „Vor dem Hintergrund der fortbestehenden Bedrohung für die Sicherheit Deutschlands und Europas nehmen wir die Sorgen insbesondere unserer mittel- und osteuropäischen Partnerstaaten ernst, bekennen uns zur Aufrechterhaltung eines glaubwürdigen Abschreckungspotenzials und wollen die Dialoganstrengungen der Allianz fortsetzen" (SPD/Grüne/FDP 2021, 145).

Allerdings war und ist die Rückbesinnung auf die Landes- und Bündnisverteidigung im Osten für die Bundeswehr, die sich seit dem Ende des Kalten Krieges bis 2014 immer mehr auf zivil-militärisches Krisenmanagement im Süden konzentriert und ihr Streitkräftedispositiv weg von der Vorneverteidigung hin zu leicht verlegbaren Expeditionsstreitkräften umgewandelt hatte, eine sehr große Herausforderung – sowohl was Fähigkeiten als auch was Personal betrifft. Deutschland muss sich jetzt wieder zum Rückgrat konventioneller Bündnisverteidigung in Europa entwickeln, oder in den Worten von Olaf Scholz „zur am besten ausgestatteten Streitkraft in Europa" (Scholz 2022b). Deutschland spielt bei der Verteidigung Europas eine Schlüsselrolle: Es bietet strategische Tiefe, dient als logistische Drehscheibe in Zentraleuropa und ist das wichtigste Transitland (Meyer zum Felde 2020, 318).

Deutschland hat im Zuge des NATO-Gipfels bereits eine verstärkte Präsenz der Bundeswehr in Litauen angekündigt, wo es eine der Führungsnationen im Rahmen der eFP (Enhanced Forward Presence) ist. Es wird eine robuste und kampfbereite Brigade in Litauen führen, die der Abschreckung und Verteidigung gegen russische Aggressionen dient. Dabei ist vorgesehen, nur einen Teil der neuen Brigaden vor Ort zu stationieren (vor allem Stabselemente, Munitions- und Betriebsstofflager), während der Großteil in Deutschland verbleibt, aber verpflichtend für die NATO eingeplant und in Abrufbereitschaft versetzt wird (Major/Swistek 2022, 6). Deutschland möchte sich darüber hinaus an einer weiteren Battlegroup in der Slowakei beteiligen und hat verstärkte deutsche Beiträge zur Luft- und Seepräsenz der NATO im Ostseeraum angekündigt.

Fazit

Die Einbettung in die Strukturen von GSVP und NATO gehört zu den Kernelementen deutscher Sicherheits- und Verteidigungspolitik. Sie ist Ausdruck der deutschen Lehre aus der eigenen Geschichte, nie wieder deutsche Alleingänge zu wagen, sondern immer eingebettet im Kreis der Verbündeten zu agieren. Das *Weißbuch* 2016 betont, dass Deutschland nur im Verbund mit anderen sein Territorium und seine offene Gesellschaft schützen, seine begrenzten Ressourcen effektiv einsetzen sowie seine Innovations- und Produktivkräfte entfalten kann (BMVg 2016, 25). An dieser Überzeugung wird auch die *Zeitenwende* nichts ändern. Im Gegenteil, Deutschland wird nur dann eine stärkere Führungsrolle im Militärischen übernehmen können, wenn es diese Führung im Rahmen von EU und NATO sowie den Vereinten Nationen ausübt. Diese Einbettung ist für Deutschland primäre Legitimitätsquelle für die Anwendung militärischer Mittel, auch weil in Berlin eine enge Auslegung des Grundgesetzes Konsens ist, nach der ein Auslandseinsatz der Streitkräfte außer im Verteidigungsfall nur in Systemen gegenseitiger kollektiver Sicherheit erlaubt ist – das heißt im Rahmen von UN-, NATO- und EU-Missionen.

Die Bundesregierung muss sich darüber bewusst sein, dass die an Berlin gerichteten Erwartungen, zukünftig eine Hauptrolle beim militärischen Schutz Europas zu spielen, deutlich gestiegen sind. In der Vergangenheit hat sich Deutschland gerade auch im Vergleich mit Frankreich und Großbritannien immer primär als Zivilmacht verstanden, trotz seines stetig gewachsenen sicherheitspolitischen Engagements in Auslandseinsätzen und im Rahmen der kollektiven NATO-Bündnisverteidigung. Dieses Rollenverständnis ist nicht länger zeitgemäß. Gerade angesichts seiner gescheiterten Russlandpolitik und der immer noch weit verbreiteten Unsicherheit über die Verlässlichkeit deutscher Zusagen muss Berlin zukünftig alles daransetzen, die Handlungsfähigkeit der EU in der Sicherheits- und Verteidigungspolitik zu erhöhen und zur weiteren Stärkung und Glaubwürdigkeit der NATO und des Bündniszusammenhalts beizutragen.

Literatur

Besch, Sophia/Puglierin, Jana (2019): Alle Mann an Deck!, in: Internationale Politik 2 (März/April), 46–51.

Besch, Sophia (2022): Germany, in: Thierry Tardy (Hrsg.), The Nations of NATO, Oxford, 141–164.

BMVg – Bundesministerium der Verteidigung (Hrsg.) (2016): Weißbuch zur Sicherheitspolitik und zur Zukunft der Bundeswehr, Berlin.

Lambrecht, Christine (2022): Streitkräfte wieder in den Fokus rücken. Grundsatzrede zur Sicherheitsstrategie, gehalten am 13.09.2022, https://www.bmvg.de/de/aktuelles/grundsatzrede-zur-sicherheitsstrategie-5494864 [Zugriff: 13.12.2022].

Löfflmann, Georg (2017): American Grand Strategy under Obama: Competing Discourses. Edinburgh.

Major, Claudia/Swistek, Göran (2022): Die Nato nach dem Gipfel von Madrid. Norderweiterung, neues Strategisches Konzept und militärische Neuaufstellung, in: SWP-Aktuell 49 (Juli 2022), https://www.swp-berlin.org/publikation/die-nato-nach-dem-gipfel-von-madrid [Zugriff: 13.12.2022].

Merkel, Angela (2016): Pressestatement von Bundeskanzlerin Merkel zum Ausgang des Referendums über den Verbleib Großbritanniens in der Europäischen Union, gegeben am 24.06.2016, https://www.bundesregierung.de/breg-de/suche/pressestatement-von-bundeskanzlerin-merkel-zum-ausgang-des-referendums-ueber-den-verbleib-grossbritanniens-in-der-europaeischen-union-am-24-juni-2016-844796 [Zugriff: 13.12.2022].

Meyer zum Felde, Rainer (2020): Deutsche Verteidigungspolitik – Versäumnisse und nicht eingehaltene Versprechen, in: SIRIUS – Zeitschrift für Strategische Analysen 4 (3), 315–332, https://doi.org/10.1515/sirius-2020-3007

Moelling, Christian/Schütz, Torben (2022): Eine Starthilfe für die europäische Rüstungswende, in: Die Zeit (online), 01.06.2022, https://www.zeit.de/politik/ausland/2022-06/bundeswehr-ukraine-europaeische-kooperation-militaer [Zugriff: 13.12.2022].

Puglierin, Jana (2017): Merkel Stated the Obvious: Donald Trump's America Can't Be Fully Trusted, in: The Globe and Mail, 31.05.2017, https://www.theglobeandmail.com/opinion/merkel-stated-the-obvious-donald-trumps-america-cant-be-trusted/article35155178 [Zugriff: 13.12.2022].

Puglierin, Jana (2021): Direction of Force: The EU's Strategic Compass, in: ECFR Online Commentary, 01.04.2021, https://ecfr.eu/article/direction-of-force-the-eus-strategic-compass [Zugriff: 13.12.2022].

Scholz, Olaf (2022a): Europa ist unsere Zukunft. Rede an der Karls-Universität zu Prag, gehalten am 29.08.2022, https://www.bundesregierung.de/breg-de/suche/rede-von-bundeskanzler-scholz-an-der-karls-universitaet-am-29-august-2022-in-prag-2079534 [Zugriff: 13.12.2022].

Scholz, Olaf (2022b): Rede bei der Bundeswehrtagung, gehalten am 16.09.2022, https://www.bundeskanzler.de/bk-de/aktuelles/rede-von-bundeskanzler-scholz-bei-der-bundeswehrtagung-am-16-september-2022-2127078 [Zugriff: 13.12.2022].

SPD/Grüne/FDP (2021): Mehr Fortschritt wagen. Bündnis für Freiheit, Gerechtigkeit und Nachhaltigkeit. Koalitionsvertrag zwischen SPD, Bündnis 90/Die Grünen und FDP, https://www.bundesregierung.de/breg-de/service/gesetzesvorhaben/koalitionsvertrag-2021-1990800 [Zugriff: 13.12.2022].

von der Leyen, Ursula (2018): Europäischer werden, transatlantisch bleiben. Rede auf der 54. Münchner Sicherheitskonferenz, gehalten am 16.02.2018, https://www.bmvg.de/de/aktuelles/europaeischer-werden-transatlantisch-bleiben-22174 [Zugriff: 13.12.2022].

Geopolitik und Seemacht im 21. Jahrhundert: Die maritime Rolle Deutschlands

Johannes Peters

Zum Beginn des Jahres 2022 erreichte die Deutsche Marine etwas, das ihr gemeinhin verwehrt bleibt – breite, landesweite (und darüber hinaus reichende) Aufmerksamkeit in den Medien. Die Aussagen des ehemaligen Inspekteurs der Marine, Vizeadmiral Kay-Achim Schönbach, bei einem indischen Think Tank, welche sich dank der sozialen Medien viral verbreiteten, und seine folgerichtige Amtsenthebung waren für einige Tage das bestimmende Medienthema. Das als positive Signale für ein plötzliches breites gesellschaftliches Interesse an maritim-sicherheitspolitischen Themen im Allgemeinen und der Deutschen Marine im Besonderen zu deuten, wäre sicherlich verfehlt – den meisten Bürgerinnen und Bürgern dürfte der Posten des Inspekteurs der Marine bis dato gänzlich unbekannt gewesen sein. Vielmehr waren es die durch die Aussagen ausgelösten internationalen Schockwellen, die vor dem Hintergrund der sich zuspitzenden Ukrainekrise berechtigte Zweifel bei EU, NATO und westlichen Verbündeten an der Bündnistreue und -fähigkeit Deutschlands aufkommen ließen. Ebenso stellte sich die Frage, wie es um die generelle Kalibrierung unseres außenpolitischen Kompasses bestellt sei. Diese Irritationen führten zu dem breiten nationalen und internationalen Medienecho.

Deutschland leistet sich, gesellschaftlich wie politisch, traditionell den Luxus der „See-Blindheit": Das Meer wird wahlweise als Freizeit-, Erholungs- oder Transportraum wahrgenommen und nicht als sicherheitspolitischer Konfliktraum (Feldt 2016, 11). Dies ist umso fahrlässiger, da Deutschland als eine der führenden Exportnationen auf einen freien und sicheren Seehandel angewiesen ist. Gut 60 % der deutschen Exporte werden über den Seeweg abgewickelt. Selbst während der Coronapandemie belief sich das Volumen dieser Exporte auf mehrere hundert Milliarden Euro. Noch größer ist die Abhängigkeit vom Seehandel beim Rohstoffimport. Bei wichtigen Gütern wie Eisenerz beispielsweise liegt der Anteil des Seetransportes bei 100 %. Deutsche Reeder managen noch immer die viertgrößte Handelsflotte der Welt und die zweitgrößte Containerschiffflotte. Und mit den Häfen Hamburg, Bremen, Bremerhaven und Wilhelmshaven liegen vier der bedeutendsten europäischen Containerhäfen in Deutschland. Diese haben als Drehkreuze systemische Relevanz für die Versorgungssicherheit großer Teile Nord- und Osteuropas. Deutsche Werften sind darüber hinaus führend im Kreuzfahrt- und Spezialschiffbau und der maritime Maschinen- und Anlagenbau nimmt nach wie vor einen globalen Spitzenplatz ein. Insgesamt sichert der maritime Sektor etwa 84.000 Arbeitsplätze in Deutschland – viele davon in den Industriezentren Süddeutschlands (Marinekommando 2021). Diese Zahlen zugrunde legend, müsste Deutschland eine Seemacht *sui generis* sein mit einem intrinsischen Interesse an freien und sicheren Meeren – und sich auch als solche verstehen und positionieren. Die oben erwähnte See-Blindheit lässt indes anderes vermuten. Im Folgenden sollen daher grundlegende Konzepte von Seemacht und Seestreitkräften vorgestellt werden. Abschließend erfolgt eine Einordnung Deutschlands als maritim-sicherheitspolitischer Akteur.

Seemacht als Konzept

Der Begriff „Seemacht" vereint zwei Substantive mit weitem Interpretationsspektrum und ist als solcher wenig trennscharf. Ob ein Staat Seemacht hat, bzw. Seemacht ausüben kann, ist von einer Vielzahl Faktoren abhängig: militärischen und wirtschaftlichen Fähigkeiten, seinem Zugang zum Meer, Partnerschaften und Allianzen aber auch dem politischen und gesellschaftlichen Selbstverständnis. Selbst Staaten ohne eigenen Meereszugang können Seemacht haben, wenn sie zum Beispiel über Rohstoffe verfügen, welche für die Schifffahrt von Bedeutung sind, oder etwa ein bedeutender Reedereistandort sind (wie beispielsweise die Schweiz). Um einige Beispiele zu nennen: Die fähigste und schlagkräftigste Marine ist die US Navy, die größten Flaggenstaaten sind Panama und Liberia, die größte Fischfangflotte ist chinesisch und die größte Reederei dänisch – allen diesen Staaten und noch einer Vielzahl mehr kann also guten Gewissens eine Form von Seemacht zugebilligt werden (Marinekommando 2021).

Grundlegende (und bis heute gültige) Überlegungen zu (militärischer) Seemacht stammen von dem US-Amerikaner Alfred Thayer Mahan. Im späten 19. Jahrhundert leitete er in seinem Werk *The Influence of History upon Seapower* die Notwendigkeit starker Seestreitkräfte aus einer starken Handelsflotte ab. Zum Schutz seiner Handelsflotte müsse ein Staat in der Lage sein, die Kriegsflotte eines anderen Staates abzuschrecken und notfalls zu zerstören. Aufgrund des weltumspannenden Charakters von Seehandel seien dazu ein Netz aus Stützpunkten für die Kriegsflotte nötig. Entscheidend für die Ausübung von Seemacht sei dabei weniger die totale Kontrolle über Seegebiete, sondern vielmehr die Kontrolle der Seehandelswege (engl. *Sealines of Communication* – SLOCs) (Till 2013). Mahans Schriften haben bis heute Relevanz und seine Definition von Seemacht bildet nach wie vor die Grundlage für Konzept und Einsatzdoktrin der US Navy.

Nimmt man die eingangs dargelegten Kennzahlen und den diffusen Charakter von Seemacht, so fällt auf, dass es gute Gründe gibt, auch Deutschland Seemacht zuzusprechen. Es stellt sich somit die Frage: Übt es diese Macht aus, bzw. nimmt es diese Macht an und füllt sie mit Leben?

Das Seevölkerrecht und die Rolle(n) von Seestreitkräften

Zum Verständnis maritimer Sicherheitspolitik ist es nötig, die völkerrechtliche Normierung des maritimen Raumes sowie die Spezifika von Seestreitkräften als Instrument staatlicher Außen- und Sicherheitspolitik zu kennen. Beides wird daher nachfolgend erläutert. Das relevante Gremium zur völkerrechtlichen Normierung des maritimen Raumes ist die International Maritime Organization (IMO) mit Sitz in London. Als Unterorganisation der Vereinten Nationen (UN) wird in ihr maritimes Völkerrecht verhandelt und gesetzt. Für die internationale Schifffahrt regelt sie beispielsweise über sogenannte Konventionen Fragen des technischen Umweltschutzes (MARPOL), verbindlicher Ausbildungsstandards (STCW) oder des Schutzes von Leib und Leben (SOLAS). Das wichtigste und bedeutendste Vertragswerk der IMO aber ist das 1982 beschlossene und 1994 in Kraft getretene Seerechtsübereinkommen der Vereinten Nationen (engl. *United Nations Convention on the Law of the Seas* – UNCLOS). In ihm werden die Grenzen der verschiedenen Meereszonen völkerrechtlich verbindlich definiert. Es bildet damit das Fundament für maritime Sicherheitspolitik.

Abb. 1 zeigt die in UNCLOS definierten Meereszonen. Ausgehend von einer Küstenbasislinie, welche die Küstenlinie begradigt, reichen die nationalen *Hoheitsgewässer* 12 Seemeilen (sm) hinaus. In ihnen hat der Küstenanrainerstaat volle souveräne Rechte. Fremde Marineeinheiten dürfen nicht ohne Genehmigung in Hoheitsgewässer einfahren, hingegen besteht für die zivile Schifffahrt das Recht der friedlichen Durchfahrt. Überlappen sich die Hoheitsgewässer zweier Staaten, bekommt jede Partei die Hälfte des verfügbaren Seeraumes zugesprochen. In der weitere 12 sm umfassenden *Anschlusszone* gelten eingeschränkte Souveränitätsrechte, beispielsweise Zollrechte. Sicherheitspolitisch am interessantesten ist die sich 200 sm von der Küstenbasislinie ins Meer erstreckende *Ausschließ-*

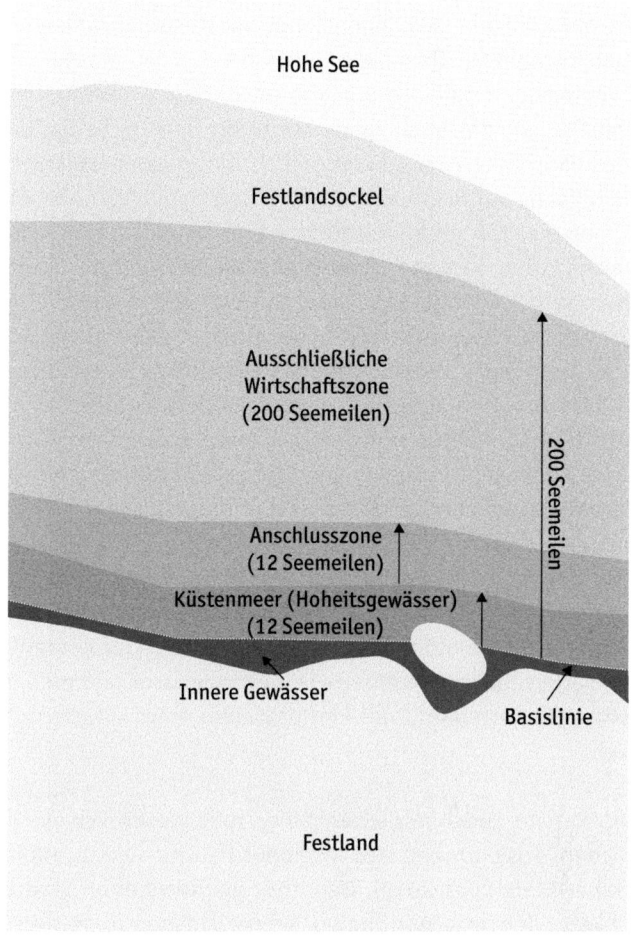

Abb. 1: Meereszonen im geltenden Seerecht. Das in UNCLOS verbriefte Prinzip der Freiheit der Meere erlaubt es einem Staat, seine Seestreitkräfte auf nahezu dem gesamten Globus zu verschieben, ohne auf Genehmigungen Dritter angewiesen zu sein. Dies und ihre enorme Flexibilität machen Marinen zu einem einzigartigen Instrument im außen- und sicherheitspolitischen Werkzeugkasten eines Staates (Bild modifiziert nach: historicair via Wikimedia Commons, CC BY-SA 3.0).

liche Wirtschaftszone (AWZ). In ihr hat der Küstenanrainerstaat die alleinigen Nutzungsrechte für alle Ressourcen des Meeres, sowohl in der Wassersäule als auch auf und unter dem Meeresboden. Darüber hinaus hat der Staat keine weiteren Rechte. Selbst das Abhalten von Manövern etwa kann er nicht untersagen, solange diese nicht sein Recht auf Ressourcenausbeutung behindern. Die AWZ ist bis auf maximal 350 sm erweiterbar, wenn der Küstenanrainerstaat nachweisen kann, dass vor seiner Küste der Festlandsockel über die 200 sm-Zone hinausragt. Eine Erweiterung kann nicht eigenmächtig erfolgen, sondern muss von einer eigenen UN-Kommission geprüft und gebilligt werden. Anders als bei den Hoheitsgewässern hat UNCLOS eine Regelungslücke bei sich überschneidenden AWZs. Die betreffenden Staaten sind lediglich angehalten, sich gütlich und fair zu verständigen. In der Praxis führt dies häufig zu Konflikten (beispielsweise zwischen Griechenland und der Türkei).

Einen Sonderfall in UNCLOS stellen Inseln dar. Inseln sind definiert als dauerhaft über Wasser liegende Objekte, auf denen ein eigenständiges Überleben möglich ist. Sind sie deutlich der Küstenbasislinie vorgelagert, haben sie eigene Hoheitsgewässer und eine eigene AWZ und erweitern damit das Einflussgebiet eines Staates mitunter erheblich.

Der Konflikt im Südchinesischen Meer fußt wesentlich auf unterschiedlichen Auslegungen des Inselbegriffs und seinen Implikationen (Huber/Matz-Lück 2018). Bei Streitigkeiten haben Staaten die Möglichkeit, den internationalen Seegerichtshof in Hamburg als oberstes UNCLOS-Gericht anzurufen. Deutschland ist daher ein bedeutender UNCLOS-Staat (wir erinnern uns an dieser Stelle an die verschiedenen Facetten von Seemacht). Erst an die AWZ schließt sich schlussendlich die sogenannte *Hohe See* als gemeinsames Erbe der Menschheit an.

Die originäre Rolle von Seestreitkräften ist Seekrieg, also kinetisches Wirken gegen einen Gegner im Rahmen der Landesverteidigung. Anders als bei Kampfflugzeugen oder Panzern erschöpft sich ihr Fähigkeitsspektrum aber nicht im reinen Kampfwert. Vielmehr haben sie auch in Friedenszeiten dezidierte Aufgaben. Diese umfassen beispielsweise den Schutz von Seehandelswegen, Seeraumüberwachung, Kriminalitäts- und Terrorabwehr oder die Unterstützung bei Naturkatastrophen. Hierfür werden im Deutschen meist die Begriffe „niedrigschwellige Einsätze" oder „internationales Krisenmanagement" (IKM) verwendet. Die dritte Aufgabe ist die der Marinediplomatie. Kriegsschiffe zählen völkerrechtlich zum Territorium ihres Heimatstaates. Durch Präsenz in einem Seegebiet oder die Teilnahme an Manövern kann ein Staat also deutliche Signale des Engagements senden. Das Anlaufen eines fremden Hafens mit einem Open Ship für die Bevölkerung und einem abendlichen Cocktailempfang für politische oder für Personen aus Politik und Gesellschaft des Gastlandes hat damit den Charakter eines Staatsbesuches. Die oft verwendete Bezeichnung „Botschafter in blau" ist also völlig zutreffend. Diese Skalierbarkeit stellt ein Alleinstellungsmerkmal von Seestreitkräften dar und macht sie für einen Staat vielseitig einsetzbar. Als exemplarisch kann die sechsmonatige Reise der Fregatte *Bayern* in den Indo-Pazifik angesehen werden. Mit ihren zahlreichen Hafenbesuchen und bilateralen Übungen als klassische Marinediplomatie-Mission angelegt, schlüpfte die *Bayern* durch ihre Teilnahme an internationalen Missionen (beispielsweise der Durchsetzung des UN-Waffenembargos gegen Nordkorea) immer wieder in die IKM-Rolle. Im Falle des Falles wäre das Schiff ebenso in der Lage gewesen, sich selbst und andere mit Waffengewalt zu verteidigen. Seestreitkräfte sind, um im oben bemühten Bild zu bleiben, somit das Multitool im außen- und sicherheitspolitischen Werkzeugkasten eines Staates.

Deutschland als maritim-sicherheitspolitischer Akteur

Das oft zitierte Bonmot des ersten NATO-Generalsekretärs Lord Hastings Lionel Ismay, wonach die NATO gegründet wurde, „to keep the Soviet Union out, the Americans in, and the Germans down" (zit. nach NATO o. J.), war mit der Wiederbewaffnung der Bundesrepublik und ihrem Beitritt zur NATO 1955 zwar obsolet, dennoch war die Bundeswehr von Beginn an als Bündnisarmee konzipiert, der eine konkrete Aufgabe innerhalb der NATO-Pläne zugeschrieben war.

Dies zeigte sich besonders deutlich bei der Marine. Während des Kalten Krieges kam ihr im Konfliktfall die Aufgabe zu, die sowjetische Baltische Flotte im Seegebiet östlich von Bornholm zu binden und ein Vordringen in Richtung Jütlands und der dänischen Nordseezugänge so lange zu verzögern, bis Nachschub über See zuerst aus Großbritannien und dann den USA nachgeführt worden wäre. Dazu operierte sie eine Flotte hochbewaffneter Schnellboote und kleiner Unterseeboote. Erst in den 1970er Jahren erweiterte sich das Fähigkeitsprofil um Geleitzugschutz in der Nordsee, und entsprechend größere Einheiten in Form modifizierter US-Lenkwaffen-Zerstörer und U-Jagd-Fregatten der 122er Klasse liefen zu (Peters 2021). Mit dem Zusammenbruch des Warschauer Paktes und dem Ende der Blockkonfrontation veränderten sich alliierte Marineoperationen grundlegend. In Ermangelung eines *peer competitors* stellte sich die Frage nach der zukünftigen Rolle der NATO, und das Bündnis musste seine Rolle innerhalb der internationalen Sicherheitsarchitektur anpassen – oder alternativ selbst Geschichte werden. „Out of area or out of business" war damals das Motto der Stunde. NATO-Einheiten spielten nun eine wichtige Rolle bei IKM-Operationen im östlichen Mittelmeer, im Persischen Golf oder in den Gewässern um das Horn von Afrika.

Je länger diese Situation anhielt, desto mehr passten sich Planer und Streitkräfte an: Manöver konzentrierten sich mehr auf humanitäre Einsätze und Katastrophenhilfe oder auf Boarding-, Such- und Beschlagnahmeoperationen als auf Nachschubsicherung über den Atlantik oder U-Boot-Jagd in der *GIUK gap*[2] (Pawlak/Peters 2021). Politiker aller NATO-Mitgliedstaaten waren großzügig im Einlösen der „Friedensdividende" nach dem Ende des Kalten Krieges. Dies führte zu einem breiten Rückgang der Verteidigungsbudgets und einer erheblichen Verkleinerung der NATO-Flotten. Heute verfügen alle westlichen Marinen über deutlich weniger Schiffe als 1990 (Stöhs/Pawlak 2019; Stöhs 2018). Am Beispiel der Deutschen Marine wird dies deutlich: Die Nachfolgerklassen der einst acht 122er Fregatten zählten jeweils nur drei bis vier Einheiten, die U-Boot-Flotte schrumpfte von 24 auf sechs Einheiten und die Fähigkeiten von einst über 40 Schnellbooten sollen heute von fünf, demnächst zehn Korvetten K-130 abgebildet werden (Bruns/Peters 2020). Doch nicht nur die Zahl der Einheiten änderte sich, auch deren Fähigkeitsprofil unterlag vielfältigen Wandlungen. Neue Plattformen sollten die Fülle niedrigschwelliger Aufgabenszenarien abdecken, mit denen sich westliche Marinen in den 1990er und frühen 2000er Jahren konfrontiert sahen. Um überhaupt Haushaltsmittel zu generieren, lautete das Credo: „Mehrrollenfähigkeit". Diese Entwicklung führte insbesondere in Europa zu relativ großen, aber im Vergleich zu ihren Vorgängern im Kalten Krieg leicht bewaffneten Fregatten, optimiert für lange Stehzeiten in weit entfernten Operationsräumen und für den unteren Bereich des Intensitätsspektrums – die neueste Fregattenklasse F-125 der Deutschen Marine kann hier als exemplarisch gelten (Peters 2021).

---

2 Die Greenland-Iceland-UK Gap ist die Durchfahrt vom Nordatlantik in den weiteren Atlantik. Obwohl geografisch groß, stellt sie insbesondere für U-Boot-Operationen eine Engstelle dar und hat daher bis heute hohe strategische Relevanz in alliierten U-Jagd-Konzepten.

In diesem Zusammenhang verkümmerten die Fähigkeiten und Fertigkeiten zum Führen des hochintensiven Seegefechts bei allen NATO-Marinen, wenn auch in unterschiedlichem Ausmaß. Nicht erst seit dem russischen Angriffskrieg gegen die Ukraine, sondern bereits seit der völkerrechtswidrigen Annexion der Krim 2014 rücken eben diese Fähigkeiten wieder in den Fokus der strategisch-taktischen Überlegungen der NATO und damit auch Deutschlands. Landes- und Bündnisverteidigung (LVBV) und das siegreiche Führen des hochintensiven Seegefechts bilden nun wieder die Fixsterne für Ausbildung und Fähigkeitsentwicklung der Seestreitkräfte. Der Deutschen Marine kommt dabei erneut eine Schlüsselrolle in der Ostsee zu – allerdings unter gänzlich veränderten Vorzeichen. Von der größten und fähigsten Anrainermarine erwarten Verbündete und Partner heute nicht weniger als die Übernahme der Führungsrolle in der Ostsee. Mit dem Anwachsen des Korvettengeschwaders in Warnemünde auf zehn Einheiten, der Beschaffung zweier zusätzlicher U-Boote 212CD im Rahmen des Sondervermögens, dem Zulauf neuer Flottendienstboote zur elektronischen Aufklärung sowie der Beschaffung neuer Seefernaufklärer sind die materiellen Weichen dafür gestellt. Mit der Aufstellung der German Maritime Forces (DEU MARFOR), einem nationalen Führungsstab in Rostock, der zu einem regionalen NATO-Kommando weiterentwickelt wird, stellt sich Deutschland dieser Verantwortung auch im Bereich der militärischen Führungsfähigkeit. Kernoperationsgebiet der Deutschen Marine soll künftig die NATO-Nordflanke sein: das Gebiet aus Ost- und Nordsee, Nordnorwegensee und Atlantik (Kaack 2022).

Fazit

Seemacht hat viele Facetten und beschränkt sich nicht auf rein militärische Fähigkeiten. Betrachtet man das Volumen des deutschen seewärtigen Außenhandels, seine Rolle als Reedereistandort und die wirtschaftliche Relevanz seiner maritimen Industrie, so kann man Deutschland durchaus Attribute von Seemacht zuschreiben. Die Sicherung maritimen Wohlstandes impliziert jedoch letztendlich auch den Willen und die Fähigkeit, diesen notfalls militärisch abzusichern. Trotz seiner traditionellen sicherheitspolitischen Zurückhaltung bedient sich Deutschland gerne seiner Marine, um seinen internationalen Verpflichtungen nachzukommen. Dies liegt zum einen daran, dass maritimes Engagement eben nicht mit „boots on the ground" einhergeht und für Marineoperationen daher leichter politische Mehrheiten generiert werden können. Zum anderen bieten Seestreitkräfte aufgrund ihrer Skalierbarkeit und des völkerrechtlichen Prinzips der Freiheit der Meere einem Staat einzigartige sicherheitspolitische Möglichkeiten. Exemplarisch zeigt sich dies im Mittelmeer, wo die Marine den multipolaren deutschen Sicherheitspolitikansatz gleich mehrfach praktisch hinterlegt. Von der Öffentlichkeit weitestgehend unbemerkt, beteiligt sich die Deutsche Marine seit 16 Jahren an der UN-Operation UNIFIL zur Unterbindung des Waffenschmuggels in den Libanon; UNIFIL markiert damit den längsten Auslandseinsatz der Bundeswehr. Im Rahmen der gemeinsamen Außen- und Sicherheitspolitik der EU ist Deutschland außerdem Teil der Operation „EUNAVFOR MED Irini", welche die Aufgabe hat, das Waffenembargo der UN gegen das vom Bürgerkrieg betroffene Libyen im zentralen Mittelmeer durchzusetzen. Auch unter Nato-Flagge kommt der Marine in der Region eine besondere Bedeutung zu. Sie führt permanent die aus der Standing NATO Maritime Group 2 (SNMG 2) gebildete Task Group in der Ägäis.[3] Diese Fokussierung auf niedrigschwellige IKM-Operationen außerhalb des Kernoperationsgebietes Nordflankenraum belastet Mensch und Material stark und verhindert momentan die beschlossene Refokussierung auf Landes- und Bündnisverteidigung und das hochintensive

---

3   Die Operationen der Deutschen Marine lassen sich über den „German Navy Fleet Tracker" des Institute for Security Policy der Universität Kiel einsehen: https://www.kielseapowerseries.com/en/gernavy-fleet-tracker.html [Zugriff: 13.12.2022].

Gefecht. Die beschlossene und teilweise bereits eingeleitete materielle Vergrößerung der Marine wird dieses Dilemma nicht auflösen. Nötig ist darüber hinaus eine politische Entscheidung, bestehende Verpflichtungen auf den Prüfstand zu stellen und ggf. zugunsten von Ausbildung und Manöverteilnahmen zu beenden.

Literatur

Bruns, Sebastian/Peters, Johannes (2020): Linien statt Klassen: Überlegungen zu Flottenbau, dynamischer Beschaffung und strategischer Exportpolitik, in: MarineForum 11, 12–14.

Huber, Melanie/Matz-Lück, Nele (2018): Wann ist eine Insel eine Insel?, in: Unizeit – Nachrichten aus der Universität Kiel 95, 07.07.2018, https://www.uni-kiel.de/unizeit/index.php?bid=950302 [Zugriff: 19.07.2022].

Feldt, Lutz (2016): The Complex Nature of Today's Maritime Security Issues: A European Perspective, in: Krause, Joachim/Bruns, Sebastian (Hrsg.): Routledge Handbook of Naval Strategy and Security, London/New York, 11–26.

Kaack, Jan Christian (2022): 100 Tage im Amt. Kursbestimmung 2022, Rede gehalten am 27.06.2022, https://marineforum.online/wp-content/uploads/2022/06/20220627-Grundsatzrede-InspM-VAdm-Kaack.pdf [Zugriff: 02.11.2022].

Marinekommando (2021): Jahresbericht 2021. Fakten und Zahlen zur maritimen Abhängigkeit der Bundesrepublik Deutschland, unveröffentlichtes Manuskript.

NATO (o. J.): Lord Ismay, in: NATO Declassified, https://www.nato.int/cps/en/natohq/declassified_137930.htm [Zugriff: 20.07.2022].

Pawlak, Julian (2021): Bridge the Gaps – An Allied Naval Approach for Northern Europe, in: Pawlak, Julian/Peters, Johannes (Hrsg.): From the North Atlantic to the South China Sea. Allied Maritime Strategy in the 21st Century, Baden-Baden, 163–179.

Pawlak, Julian/Peters, Johannes (Hrsg.) (2021): From the North Atlantic to the South China Sea: Allied Maritime Strategy in the 21st Century, Baden-Baden.

Peters, Johannes (2021): Below the Surface. Undersea Warfare Challenges in the 21st Century, in: Pawlak, Julian/Peters, Johannes (Hrsg.): From the North Atlantic to the South China Sea. Allied Maritime Strategy in the 21st Century, Baden-Baden, 93–110.

Stöhs, Jeremy (2018): The Decline of European Naval Forces: Challenges to Sea Power in an Age of Fiscal Austerity and Political Uncertainty, Annapolis (Maryland).

Stöhs, Jeremy/Pawlak, Julian (2019): Strategische Herausforderungen und Handlungsoptionen westlicher Politik im nördlichen Atlantik, in: SIRIUS – Zeitschrift für Strategische Analysen 3 (3), 242–254.

Till, Geoffrey (2013): Seapower. A Guide for the Twenty-First Century, 3. Aufl., London.

Die nukleare Teilhabe und nukleare Bedrohung Deutschlands

Severin Pleyer

Der 24. Februar 2022 war eine *Zeitenwende* für die deutsche Verteidigungspolitik, so zumindest im politischen Diskurs und der öffentlichen Wahrnehmung in Folge der Rede des Bundeskanzlers Olaf Scholz. Mit dem Einmarsch der Russischen Föderation in der Ukraine scheint Landes- und Bündnisverteidigung für die Bundeswehr wieder in den Fokus gerückt worden zu sein. Die Ankündigung des russischen Präsidenten, seine strategischen Nuklearstreitkräfte in erhöhte Alarmbereitschaft zu versetzen, versetzte viele Entscheider und weite Teile der Bevölkerung in westlichen Staaten in Panik. Sprachen sich Mitte 2021 nur 14 % der Befragten für einen Verbleich von Atomwaffen in Deutschland aus, waren es im Juni 2022 rund 57 % (Bongen et al. 2022).

Der Einmarsch der Russischen Föderation änderte somit grundlegend die empfundene Bedrohungslage. Das Beschaffungsvorhaben für ein Nachfolgesystem für den in die Jahre gekommenen PA-200 ‚Tornado' Jagdbomber wird seit der Invasion nicht mehr politisch kritisiert. Somit ist für viele eine Kausalität zwischen der Beschaffung und der nuklearen Abschreckung im Kontext des Ukrainekrieges zu beobachten. Jahrelang war die Entscheidung hinsichtlich dieser Nachfolge jedoch verzögert worden, ist doch der Auftrag der Maschinen ein politisch belasteter Einsatz, die nukleare Teilhabe.

Die Wichtigkeit, sich zeitnah mit Fragen der Nuklearstrategie zu beschäftigen, auch als ein Land, das dem Atomwaffensperrvertrag unterliegt, wurde 30 Jahre lang verkannt. Eine *Zeitenwende* ist deswegen vor allem in der Realisation zu sehen, dass Fragen der nuklearen

Sicherheit den Grundpfeiler internationaler Beziehungen zwischen Großmächten darstellen.

Im Folgenden wird die These vertreten, dass die Geschichte der nuklearen Teilhabe maßgeblich für dessen aktuelle Form und Politik verantwortlich ist. Zum anderen wird maßgeblich das verbundene Desinteresse an verteidigungspolitischen Fragestellungen in Bezug auf die nukleare Teilhabe in den Mittelpunkt gestellt.

Nukleare Teilhabe ist das offene Geheimnis deutscher Verteidigungspolitik

Seit der Aufstellung der Bundeswehr 1956 ist die Nukleare Teilhabe in unterschiedlichen Formen Teil der Bundeswehrstruktur (Lutsch 2018). Bis 1991 waren größere Teile mit ihr verwoben – Artillerieeinheiten hatten u. a. Spezialzüge (Teileinheiten mit nuklearwaffenfähiger Artillerie), die im Ernstfall auf Nukleargranaten hätten zurückgreifen können. Die Luftwaffe hatte unter anderem auch Kurzstreckenraketen des Typs Pershing 1A und Lance, die zwar auch mit konventionellen Sprengköpfen versehen werden können, jedoch war Ihre Hauptaufgabe, die Sowjetunion unter einem „Risiko zu halten" (Der Spiegel 1987).

Vor diesem Hintergrund ist der deutsche strategische Diskurs befremdlich, denn er stellt vor allem die abschreckende Rolle der taktischen Freifallatomwaffen als deren primäre strategische Bedeutung in den Vordergrund, unter der Annahme, dass Atomwaffen jeder Größe strategisch bewertet werden müssen. Hierbei wird vergessen, dass taktische Nuklearwaffen primär für einen Einsatz auf dem Gefechtsfeld entwickelt wurden und somit nur eine sekundäre strategische Bedeutung als Element einer potenziellen nuklearen Eskalation haben. Die strategische Abschreckungswirkung der in Deutschland stationierten taktischen US-Atomwaffen, die nach Freigabe durch den US-Präsidenten im Ernstfall von Kampflugzeugen der Bundeswehr ins Ziel gebracht würden, ist also bestenfalls begrenzt.

Die Waffen sind daher konzeptionell eher im Bereich der *Abschreckung by denial* (durch Verhinderung) verortet. Waffensysteme des Typs B-61 (-3, -4, -11, -12) sind primär per Flugzeug verbrachte Freifallatomwaffen (Glaser 2022, 209 f.). Diese sind für die Aufgabe der *Abschreckung by punishment* (durch Bestrafung) nur bedingt geeignet, denn Flugzeuge des Typs F-35A haben weder die Reichweite noch die Überlebensfähigkeit, die B-61 über Städten der Russischen Föderation abzuwerfen.

Mythos „Mutually Assured Destruction"

Das strategische Denken hinsichtlich der nuklearen Abschreckung endet jedoch meist bei dem ersten Einsatz – unter der Annahme, dass dieser Einsatz unausweichlich einen Einsatz der Gegenseite, des russischen, aber auch US-amerikanischen Arsenals, nach sich zieht. Dass die abschreckende Wirkung auf der Vorstellung beruht, ein nuklearer Angriff auf eine Atommacht mit Zweitschlagskapazität ende in der vollständigen Zerstörung von Angreifer und Verteidiger (Mutually Assured Destruction, MAD), hält jedoch einer empirischen Studie nicht stand (Green 2020).

Alle westlichen Abschreckungsdoktrinen haben strategische Stabilität als ihren gemeinsamen Nenner. Das Konzept der gegenseitigen sicheren Zerstörung basiert auf der allgemein akzeptierten Vorstellung, dass ein Atomkrieg in einem Showdown der beteiligten Atommächte enden wird, einer Art totaler Vernichtung.

Der Mythos um das Ende der Welt in einer nuklearen Krise prägt den öffentlich und halboffiziellen Begriff *Mutually Assured Destruction*. Damit die Idee von MAD funktioniert, muss man sich auf die

Grundannahme massiver Vergeltungsmaßnahmen auf beiden Seiten verlassen (Riemann 2020, 86). Obwohl die NATO versuchte, mit der Einführung von „Flexible Response" Vertrauen dafür zu schaffen, dass nicht automatisch massive Vergeltungsmaßnahmen erfolgen würden, änderte sich in der Meinung vieler Entscheidungsträger und der breiten Öffentlichkeit nichts daran, dass ein Atomschlag den Einsatz aller Nuklearstreitkräfte nach sich ziehen würde. Wie Freedman betont, haben strategische Nuklearwaffen eine weitaus größere Relevanz für die politische und psychologische als für die direkte operative Ebene (Freedman/Michaels 2019).

In diesem Zusammenhang ist es entscheidend, die Auswirkungen der Unsicherheit einer möglichen Abwehr ballistischer Flugkörper auf die Entscheidungsträger zu berücksichtigen. Der Rückzug der USA aus dem Anti-Ballistic-Missile-Vertrag (ABM-Vertrag) im Jahr 2001 machte es angeblich notwendig, auf russischer Seite neue Fähigkeiten zu schaffen, um diese neuen Abwehrmaßnahmen zu umgehen und so dem entstandenen Ungleichgewicht entgegenzuwirken (Ven Bruusgaard 2020). Dabei ist unerheblich, ob ABM das Kalkül eines nuklearen Schlagabtauschs tatsächlich beeinflussen würde (Rothstein 1968). Es ist die Wahrnehmung der Bedrohung selbst, die die politischen und militärischen Entscheidungen prägt. Wahrnehmungen werden dabei durch historische Erfahrungen unterstützt. Das russische nuklearstrategische Denken hat sich auch deshalb auf die ABM-Fähigkeiten der USA und der NATO fixiert, weil das Narrativ der Strategischen Verteidigungsinitiative (SDI) seit den 1980er Jahren immer noch besteht.

Der ABM-Vertrag wurde aus dem Interesse beider Seiten heraus geboren, für die nuklearen Angriffe der jeweils anderen Seite anfällig zu sein – denn in dieser gegenseitigen Verwundbarkeit sah man ein Zeichen für Stabilität. Es war die Erkenntnis und Hoffnung, dass gegenseitige Verwundbarkeit letztlich Anreize bietet, eine friedliche Lösung einer internationalen Krise zu suchen. Auch wenn Green argumentiert, dass MAD ein Mythos war, hat diese Vorstellung dennoch die Wahrnehmung geprägt, insbesondere von Entscheidungsträgern und der Bevölkerung. Die vermeintliche abschreckende Wirkung von MAD beruht jedoch auf der Unterstellung, dass alle Konfliktparteien in internationalen Beziehungen kein Interesse daran haben, den Status quo zu ändern (Green 2020, 1–3).

Abrüstung und „neue nukleare Teilhabe"

Die Struktur der aktuellen nuklearen Teilhabe ist auf die grundsätzliche Montebello-Entscheidung von 1983 durch die Nukleare Planungsgruppe zurückzuführen, die eine Reduzierung um 1.400 nukleare, insbesondere taktische Sprengköpfe vorsah (Buteux 2010).

Im Zuge der Verhandlungen zum Mittelstrecken-Nuklearstreitkräfte-Vertrag (INF-Vertrag) unterging die nukleare Teilhabe einer weiteren Zäsur. Die Sowjetunion ging davon aus, dass auch die Bestückung der Raketen der nuklearen Teilhabe, insbesondere der 72 deutschen Pershing 1A, durch den INF-Vertrag reglementiert werden müsste. Weite Teile der CDU-Regierung weigerten sich bis zuletzt, die Pershing 1A Raketen aufzugeben, und forderten sogar, diese durch modernere Raketen des Typs Pershing-II zu ersetzen. Erst durch ein Eingreifen der US-Regierung wurde der damaligen Bundesregierung nahegelegt, die Abrüstungsverhandlungen nicht durch uniliterale „Aktionen" zu gefährden. Insbesondere wurde hierbei an das von Bundeskanzler Kohl gegebene Versprechen erinnert, dass Deutschland seine Pershing 1A aufgeben würde, um die Verhandlungen des INF-Vertrages zu unterstützen. Im Gegenzug rückten die USA von ihrer Position ab, nach dem Ende des Kalten Krieges alle Nuklearwaffen aus Europa abzuziehen (Sarotte 2021, 247–259). Die Stationierung der B-61 Freifallatomwaffen ist somit hauptsächlich deutschen und anderen europäischen Sicherheitsbedenken geschuldet. Taktische Atomwaffen unterlagen jedoch nach dem Ende des Kalten Krieges nie bindenden Abrüstungsbemühungen.

Die damalige Diskussion um die Erweiterte Nukleare Abschreckung der USA prägt bis heute das Verständnis der deutschen Bundesregierungen (Sarotte 2021, 123 f.). Trotz immer wiederkehrender anti-nuklearer Rhetorik von verschiedenen politischen Parteien bleibt die nukleare Teilhabe ein unangefochtener Aspekt deutscher Verteidigungspolitik. Ohne diese würde man auch den Einfluss auf deren möglichen Einsatz in der besonders wichtigen Nuklearen Planungsgruppe der NATO verlieren.

Nukleare Bedrohung

Die öffentliche Wahrnehmung der nuklearen Bedrohung verschwand in Deutschland nach Ende des Kalten Krieges und Abschluss des INF-Vertrages (Baag/Remme 2022). Aber trotz des INF-Vertrages blieb eine erhebliche nukleare Bedrohung durch die Russische Föderation bestehen. Durch den Vertrag wurden nur landgestützte Systeme mit einer Reichweite zwischen 500 und 5.500 km erfasst (AVC 1988). See- und luftgestützte Systeme wurden vom INF-Vertrag nicht erfasst. Die Russische Föderation hat insbesondere im Bereich der Kurzstreckensysteme, trotz abgegebener Versprechen, keinen wesentlichen Rückbau zu verzeichnen (Kristensen/Korda 2022).

Insbesondere blieb die Bedrohung durch Interkontinentalraketen (ICBM) eine latente Bedrohung. Eine Reduktion im Zuge des START I-Vertrages und später des NEW START-Vertrages stabilisierte die Anzahl von Interkontinentalraketen bzw. anderer Interkontinentaler Verbringungsmittel (Rudesill 2018). Hierbei wurden die Verbringungsmittel sowie die Anzahl der Sprengköpfe begrenzt, jedoch nicht die Anzahl der Sprengköpfe pro Rakete. Abrüstungsverträge sind nicht nur aus pazifistischen Gründen strategisch relevant, sondern vermindern den Druck, mehr Waffensysteme als der potenzielle Gegner stationieren zu müssen. Auch eine begrenzte Anzahl an Systemen kann somit die Abschreckung stabilisieren (Kaushal/Cranny-Evans 2022). Für die Bundesrepublik änderte aber der Verzicht der USA und der Sowjetunion (bzw. die Russische Föderation) auf Teile ihres Arsenals von Mittelstrecken- und Interkontinentalraketen wenig hinsichtlich einer Bedrohung durch russische Nuklearwaffen. Kurzstreckenwaffen mit einer Reichweite bis 500 km konnten auch vor dem Scheitern des INF-Vertrages das Territorium der Bundesrepublik gefährden (Kristensen/Korda 2020; 2021).

Aktuell haben NATO-Staaten eine numerische Unterlegenheit im Bereich der Kurz- und Mittelstreckenraketen. Dieses Missverhältnis trägt zu größerer Instabilität bei, insbesondere in direkten limitierten Konfliktszenarien ähnlich denen in den 1980er Jahren.

Widerspruch in der strategischen Einordnung

Die deutsche nukleare Teilhabe ist oft missverstanden worden und wird schnell mit den Fähigkeiten anderer Atommächte gleichgesetzt. Jedoch unterscheidet sich die deutsche Beteiligung deutlich. So bleibt die Kontrolle der Nuklearwaffen immer, auch während Kriegszeiten, in den Händen des US-Präsidenten bzw. seiner Stellvertreter (Glaser 2022, 208 f.). Andere Kommentatoren und Militärexperten sehen denn in der nuklearen Teilhabe nur ein politisches Instrument, um Geschlossenheit der Allianz zu symbolisieren (Glatz et al. 2020). Deutschlands Ambivalenz hinsichtlich seiner nuklearen Teilhabe wird insbesondere in NATO-Übungen sichtbar. Konventionelle Übungen der NATO werden seit Ende des Kalten Krieges ohne die Simulation einer möglichen nuklearen Eskalation abgehalten. Einzig die Übungsreihe „Steadfast NOON" für Einheiten, die mit der Verbringung der nuklearen Teilhabe oder deren Schutz betraut sind, befasst sich mit potenzieller nuklearer Eskalation (Kristensen 2022).

Eine Einordnung in das Gesamtkonzept nuklearen Abschreckungsdoktrin der USA wird von deutscher Seite nicht vorgenommen.

Nukleare Gefechtsoperationen werden somit separat von konventionellen Gefechtsoperationen in der NATO konzipiert und geübt. Dies führt jedoch auch zu mangelnder Sensibilität hinsichtlich einer möglichen militärischen Konfrontation mit den Streitkräften der Russischen Föderation, die eine solche Unterscheidung zwischen nuklearen und konventionellen militärischen Mitteln nicht trifft (Episkopos 2021). Der Fokus der NATO-Staaten auf Auslandseinsätze außerhalb des Bündnisterritoriums hatte dabei sicherlich einen erheblichen Anteil am Abbau des Bewusstseins für die Rolle von Nuklearwaffen und -strategie im Kontext der Landes- und Bündnisverteidigung.

Es ist dennoch entscheidend, auch für Eventualitäten zu planen, die nur einen begrenzten Einsatz von Atomwaffen beinhalten. Es ist daher wichtig, dass die NATO-Staaten und Deutschland nukleare Fähigkeiten, Strategien und Einsatzkonzepte erhalten, um auch gegen einen Gegner bestehen zu können, der bereit ist, taktische Nuklearwaffen in einem ansonsten konventionell ablaufenden Krieg einzusetzen, bzw. eine glaubhafte nukleare Abschreckung auf allen Ebenen zu erhalten. Der eigene Einsatz von Nuklearwaffen zu taktischen Zwecken bleibt jedoch letztlich eine politische Entscheidung auf höchster exekutiver Ebene.

Deutschlands *Zeitenwende* offenbart den Verlust von strategischem Fachwissen in Bezug auf Nuklearwaffen in Politik, Militär und Gesellschaft. Think Tanks wie etwa die SWP oder die DGAP haben diesen Bereich signifikant zurückgebaut. Im Bereich der Ministerien ist die Auseinandersetzung mit diesem komplexen Thema beschränkt. In Kontrast zu US-amerikanischen und britischen Debatten ist die deutsche von einer Faszination für technische Daten und numerische Aufzählungen geprägt, ohne diese jedoch in einem strategischem Kontext mit den dazugehörigen Bedrohungsszenarien zu verorten (siehe z. B. Glatz et al. 2020).

Der Rückbau von vermeintlichen Überbleibseln des Kalten Krieges in Bezug auf die nukleare Teilhabe sowie den Zivilschutz hat den strategischen Wert der erweiterten Abschreckung ausgehöhlt. Die „Friedensdividende" führte zu einem erheblichen Abbau von Fähigkeiten und Personal im Bereich der nuklearen Abschreckung. Dieser betrifft Experten in Politik, Militär und Gesellschaft. Die erweiterte Debatte über Nuklearwaffen während des Kalten Krieges wurde durch Debatten über mögliche Abrüstung ersetzt. Auch die politisch nicht gewollte Debatte über die nukleare Teilhabe beruht auf der Friedensdividende. Im Koalitionsvertrag der CDU-geführten Regierung von 2010 wurde sich aktiv für einen Ausstieg aus der nuklearen Teilhabe ausgesprochen. Dies hat sich bis zum Koalitonspapier der aktuellen Bundesregierung der Ampelparteien durchgezogen. Es ist keine *Zeitenwende* erkennbar, sondern eine Kontinuität der Duldung.

Fazit

Für die meisten Verteidigungskommentatoren, politischen Entscheidungsträger und höherrangige Militärs ist die Möglichkeit eines nuklearen Krieges zu einer politisch-strategischen Übung geworden. Angetrieben ist diese Wahrnehmung von einem übertriebenen Gefühl des Vertrauens in die Fähigkeit, die nukleare Eskalation bereits im Vorfeld beherrschen zu können. Dieses Vertrauen ist hauptsächlich bedingt durch einen Rückgang von Expertise im Bereich der nuklearen Abschreckung sowie eine verschobene politische Debatte, die auf Abrüstung setzt, ohne diese jedoch realistisch zu betreiben.

Die *Zeitenwende* hat somit insbesondere in Bezug auf die Nukleare Teilhabe nicht stattgefunden. Abschreckung wird als eine Abwehrreaktion verstanden, die notfalls nicht ausgeführt werden müsste. Es ist aber genau die Unsicherheit des Kontrahenten, wie die eigene Reaktion auf einen Angriff ausfallen wird, die nukleare Abschreckung zu einem politischen Mittel macht. Es bedarf deswegen einer erweiterten Debatte über eine funktionsfähige Konzeption der nuklearen Abschreckung innerhalb der Politik, aber auch innerhalb der Bundeswehr.

Literatur

AVC – Bureau of Arms Control, Verification, and Compliance (1988): Treaty Between the United States of America and the Union of Soviet Socialist Republics on the Elimination of Their Intermediate-Range and Shorter-Range Missiles (INF Treaty), https://2009-2017.state.gov/t/avc/trty/102360.htm [Zugriff: 02.11.2022].

Baag, Robert/Remme, Klaus (2019): Zerfall des INF-Vertrags – Die Wiederkehr des atomaren Wettrüstens, in: Deutschlandfunk, 30.01.2019, https://www.deutschlandfunk.de/zerfall-des-inf-vertrags-die-wiederkehr-des-atomaren-100.html [Zugriff: 13.09.2022].

Bongen, Robert/Rausch, Hans-Jakob/Schreijäg, Jonas (2022): Umfrage in Deutschland: Erstmals Mehrheit für Atomwaffen-Verbleib, in: tagesschau.de, 02.06.2022, https://www.tagesschau.de/investigativ/panorama/umfrage-atomwaffen-deutschland-101.html [Zugriff am 13.09.2022].

Buteux, Paul (2010): The Politics of Nuclear Consultation in NATO, 1965–1980, Cambridge.

Der Spiegel [o. A.] (1987): Die Sowjets unter Risiko halten?, in: Der Spiegel, 09.08.1987, https://www.spiegel.de/politik/die-sowjets-unter-risiko-halten-a-0c2b7004-0002-0001-0000-000013524016 [Zugriff: 09.08.2022].

Episkopos, Mark (2021): Russia's Crazy Nuclear War Strategy: Escalation … to De-escalate?, in: The National Interest, 19.03.2021, https://nationalinterest.org/blog/buzz/russia%E2%80%99s-crazy-nuclear-war-strategy-escalationto-de-escalate-180680 [Zugriff: 23.12.2021].

Freedman, Lawrence/Michaels, Jeffrey H. (2019): The Evolution of Nuclear Strategy, 4. Aufl., Basingstoke.

Glaser, Charles (2022): Managing U.S. Nuclear Operations in the 21st Century. Unter Mitarbeit von Austin Long, Brian Radzinsky, Washington.

Glatz, Rainer/Major, Claudia/Richter, Wolfgang/Schneider, Jonas (2020): Abschreckung und nukleare Teilhabe, in: SWP-Aktuell 48 (Juni 2020), https://www.swp-berlin.org/publikation/abschreckung-und-nukleare-teilhabe [Zugriff: 02.12.2022].

Green, Brendan Rittenhouse (2020): The Revolution That Failed. Nuclear Competition, Arms Control, and the Cold War, Cambridge.

Kaushal, Sidharth/Cranny-Evans, Sam (2022): Russia's Nonstrategic Nuclear Weapons and Its Views of Limited Nuclear War, in: Royal United Services Institute, 21.06.2022, https://rusi.org/explore-our-research/publications/commentary/russias-nonstrategic-nuclear-weapons-and-itsviews-limited-nuclear-war [Zugriff: 28.07.2022].

Kristensen, Hans M. (2022): NATO Nuclear Weapons Exercise Over Southern Europe, in: Federation of American Scientists Blog, 20.10.2021, https://fas.org/blogs/security/2021/10/steadfastnoon2021 [Zugriff: 10.08.2022].

Kristensen, Hans M./Korda, Matt (2020): Russian Nuclear Forces, 2020, in: Bulletin of the Atomic Scientists 76 (2), 102–117.

Kristensen, Hans M./Korda, Matt (2021): United States Nuclear Weapons, 2021, in: Bulletin of the Atomic Scientists 77 (1), 43–63.

Kristensen, Hans M./Korda, Matt (2022): Russian Nuclear Weapons, 2022, in: Bulletin of the Atomic Scientists 78 (2), 98–121.

Lutsch, Andreas (2018): Westbindung oder Gleichgewicht? Die nukleare Sicherheitspolitik der Bundesrepublik Deutschland zwischen Atomwaffensperrvertrag und NATO-Doppelbeschluss (1961–1979), Berlin.

Riemann, Malte (2020): Der Krieg im 20. und 21. Jahrhundert. Entwicklungen und Strategien, Stuttgart.

Rothstein, Robert L. (1968): The ABM, Proliferation and International Stability, in: Foreign Affairs 46 (3), 487.

Rudesill, Dakota S. (2018): MIRVs Matter. Banning Hydra-Headed Missiles in a New START II Treaty, in: Stanford Journal of International Law 54 (1), 83–115.

Sarotte, Mary Elise (2021): Not One Inch. America, Russia, and the Making of Post-Cold War Stalemate, New Haven/London.

Stelzenmüller, Constanze (2021): Nuclear Weapons Debate in Germany Touches a Raw NATO Nerve, in: Brookings Blog, 19.11.2021, https://www.brookings.edu/blog/order-from-chaos/2021/11/19/nuclear-weapons-debate-in-germany-touches-a-raw-nato-nerve [Zugriff: 13.09.2022].

Ven Bruusgaard, Kristin (2020): Russian Nuclear Strategy and Conventional Inferiority, in: Journal of Strategic Studies 43, 1–33.

Teil 2
Deutsche Verteidigungspolitik und die Zukunft der Bundeswehr

Die Zukunft nachträglich umsetzen: Bundeswehrstruktur in der Zeitenwende

Torben Schütz

Aufgaben und Finanzierung der Bundeswehr haben sich in den in den letzten drei Jahrzehnten mehrfach gewandelt. Bei den Aufgaben reicht dies vom Kalten Krieg und damit der Gefahr eines großen konventionellen Krieges auf deutschem Boden bis 1991 über die Fokussierung auf Auslandseinsätze ab Mitte der 1990er Jahre bis zur Rückkehr von Landes- und Bündnisverteidigung – unter gleichrangiger Beibehaltung von Auslandseinsätzen – seit der russischen Annexion der Krim 2014 (BMVg 2018, 21). Der finanzielle Rahmen der Bundeswehr veränderte sich ebenfalls grundlegend: Inflationsbereinigt fielen die Verteidigungsausgaben zwischen 1990 und der Mitte der 2000er Jahre um ca. 30 %. Erst ab 2015 stiegen sie wieder an, ihr Niveau ist aber auch jetzt noch niedriger als am Ende des Kalten Krieges (SIPRI o. J.).

Basierend auf diesen Veränderungen der Rahmenbedingungen haben sich auch wesentliche Elemente der Bundeswehrstruktur mehrfach gewandelt. Solche Elemente betreffen z. B. die Größe der Streitkräfte, ihre Zusammensetzung und Führungsstrukturen sowie ihre Einsatzfähigkeit. Auf bestehende Debatten und Reformvorhaben in diesen Bereichen sowie deren Interaktion mit der *Zeitenwende* soll in diesem Beitrag der Fokus gelegt werden.

Streitkräfteplanung in Deutschland

Neben der grundgesetzlichen Forderung in Artikel 87a, Streitkräfte zur Verteidigung aufzustellen, gilt in Deutschland zudem der politische Grundsatz: „niemals allein" (Merkel 2019). Die enge Einbindung der Bundeswehr in Allianzen und Systeme kollektiver Sicherheit ist historisch gewachsen und hat sich tief ins Selbstverständnis der Streitkräfte eingeschrieben. Deutschland gestaltet seine strukturgebende Streitkräfteplanung daher in engster Abstimmung mit den Verbündeten. Hier genießt der regelmäßig stattfindende NATO Defence Planning Process (NDPP) als militärisches Fähigkeitsplanungsinstrument der Allianz Priorität (Autorenteam der Abteilung I des Planungsamtes der Bundeswehr 2021, 12). Aus den Überlegungen der NATO zum Bedarf an Streitkräften und Fähigkeiten, die zur Verteidigung des euro-atlantischen Bündnisgebietes notwendig sind, werden nationale Anforderungspakete geschnürt (Mauro 2019, 12–38). Zusammen mit den nationalen Ambitionen, die natürlich darüber hinaus gehen können, werden dann nationale Planungsprozesse vorangetrieben. In Deutschland sind dafür auf strategischer Ebene das *Weißbuch* (aktuelle Version: BMVg 2016) wichtig, in Ableitung daraus die Konzeption der Bundeswehr und das Fähigkeitsprofil der Bundeswehr als grundlegende Dokumente zu zukünftigen Struktur- und Fähigkeitsanforderungen (Autorenteam der Abteilung I des Planungsamtes der Bundeswehr 2021, 13 f.).

Dabei kann der Aufbau von militärischen Fähigkeiten, von der Beschaffung von Gerät und der Ausbildung der Soldaten bis zur Herstellung der Einsatzfähigkeit einige Jahre dauern. Die zu untersuchenden Bereiche ‚Größe und Zusammensetzung der Bundeswehr' sowie ‚Führungsstrukturen und Einsatzfähigkeit' befinden sind dabei schon jetzt in einem Wandlungsprozess, der sich vorrangig mit den von Verteidigungsministerin von der Leyen 2015 eingeleiteten „Trendwenden" für Finanzen, Rüstung und Personal beschreiben lässt (Krause 2019).

Die Größe der Bundeswehr

Seit Ende des Kalten Krieges ist die Bundeswehr sowohl im Personal- als auch Materialumfang kontinuierlich geschrumpft. Mit der „Trendwende Personal" von 2015 gab Ministerin von der Leyen das Ziel aus, diesen Trend umzukehren und die Truppe von damals 166.000 auf 203.000 im Jahr 2025 zu vergrößern (Bundeswehr o. J.). Dieses Ziel wurde aber in den vergangenen Jahren nicht erreicht, vielmehr ist der Personalkörper trotz leichtem Wachstum auf jetzt ca. 181.000 Soldatinnen und Soldaten relativ konstant geblieben (Wiegold 2022). Dieser leichte Anstieg darf aber nicht darüber hinwegtäuschen, dass die Bundeswehr einen eklatanten Mangel an Spezialisten in bestimmten Verwendungen hat (Deutscher Bundestag 2022) und eine große Zahl vakanter Dienstposten aufweist (Krause 2019). Rekrutierung ist wahrscheinlich eine der größten Herausforderungen der Zukunft für die Bundeswehr. Demografische Veränderungen in Deutschland reduzieren die Rekrutierungsbasis, die Konkurrenz zur Wirtschaft bzw. anderen Verwaltungen nimmt zu.

Quantitative Schrumpfung durch Veränderungen der Armeestruktur, kostenbedingte Reduktion von Abnahmemengen von Rüstungsgütern und das Konzept des dynamischen Verfügbarkeitsmanagements – unter dem Einheiten nur 70 % ihres geplanten Materials vorhalten und bei Bedarf aus anderen Einheiten anfordern – haben dazu geführt, dass der Bundeswehr weniger Gerät zur Verfügung steht (Wiegold 2018). Es besteht enormer Nachrüstbedarf, um Material von persönlicher Ausrüstung über Munition bis zur Vollausstattung von Verbänden bereitzustellen. Aktuelle hochintensive Konflikte – in der Ukraine, aber auch in Bergkarabach im Jahr 2020 – unterstreichen die hohen Verlustquote an Material, das entweder in Depots vorgehalten oder nachproduziert werden muss.

Zusammensetzung der Bundeswehr

Sowohl sicherheitspolitischer Kontext als auch finanzieller Rahmen nehmen Einfluss auf die Zusammensetzung der Streitkräfte. Das Verhältnis der Teilstreitkräfte untereinander sowie von Waffengattungen innerhalb der Teilstreitkräfte orientiert sich hieran.

Das Heer, traditionell aufgrund der Bedrohung durch einen Territorialkonflikt größte deutsche Teilstreitkraft, wurde in den vergangenen drei Jahrzehnten am stärksten verkleinert (IISS 1991–2022). Neben der Neuausrichtung auf Auslandseinsätze nach Ende des Kalten Krieges sowie der Wehrpflicht, traditionell größtenteils im Heer geleistet, wurden zudem mit der – vorrangig effizienzgeleiteten (Müller 2021) – Schaffung der neuen Teilstreitkräfte des Sanitätsdienstes, der Streitkräftebasis und dem Cyber- und Informationsraum organisatorisch Elemente besonders aus dem Heer herausgelöst.

Gleichzeitig haben sich in allen Teilstreitkräften die Verhältnisse zwischen Waffengattungen verändert. Neben dem Heer, in dem sich z. B. die Verhältnisse zwischen Kampftruppen und Artillerie oder Heeresfliegern massiv verändert haben (Ruwe 2018), sind z. B. in der Marine Systeme wie Schnellboote ohne Ersatz ausgemustert worden, die im veränderten sicherheitspolitischen Umfeld keine Aufgabe mehr hatten. Einige solcher Fähigkeiten werden momentan wieder als relevant und aufbauenswert betrachtet, etwa die Heeresflugabwehr (Geiger 2022). Darüber hinaus sollen ausgewählte Unterstützungseinheiten des Sanitätsdienstes, der Logistik, Militärpolizei und ABC-Abwehrtruppen in begrenztem Maße vergrößert werden (BMVg 2022b, 7). Gleichzeitig sind neue Aufgaben hinzugetreten, die innerhalb der Teilstreitkräfte zu Reorganisationen geführt haben, z. B. die Aufstellung des Weltraumkommandos in der Luftwaffe (Bundeswehr 2022).

Führungsstrukturen der Bundeswehr

Mit der quantitativen Reduktion von Streitkräften veränderten sich Kommando- und Führungsstrukturen in Europa grundlegend. Nationale Führungsstrukturen für Großverbände (Korps) wurden entweder multinationalisiert oder aufgelöst, und Divisionen oder in kleineren Staaten Brigaden direkt den Teilstreitkräftekommandos unterstellt (King 2011, 40–45). Hauptquartiere zur operativen Führung von Großverbänden sind damit in Europa zur Mangelware geworden (Barrie et al. 2018, 2). Zudem hat die Umstellung auf Brigaden statt Divisionen als ‚kleinste eigenständige militärische Einheit' neben dem quantitativen Verlust auch einen qualitativen (Führungs-)Verlust bedeutet. Das Rahmennationenkonzept der NATO, von Deutschland 2013 eingebracht, hatte zum Ziel, Fähigkeitslücken zu schließen bzw. -erhalt zu fördern, indem Einheiten mit speziellen nationalen Fähigkeiten, die nur noch in geringen Mengen vorhanden sind, zusammen üben und so Wissen und Ausbildung erhalten. Nach 2014 und dem erneuten Fokus auf hochintensive konventionelle Konflikte wurde es jedoch um eine zweite Säule erweitert, um eine multinationale Führungsfähigkeit auf Divisionsebene wiederherzustellen (Glatz/Zapfe 2017, 2).

Struktur und Einsatzfähigkeit der Bundeswehr

Noch wichtiger für die Bundeswehr ist aber die Diskussion um die nationale Führungsstruktur, die in den letzten Jahren stattfand. Nun scheint mit der Schaffung eines Kommandos für den nationalen Einsatz der Bundeswehr, dem „Territorialen Führungskommando der Bundeswehr", ab Oktober 2022 als Äquivalent zum Einsatzführungskommando für Auslandseinsätze und unter Beibehaltung der momentanen Teilstreitkräfte eine erste Entscheidung gefallen zu sein (BMVg 2022a). Nichtsdestotrotz bleibt eine weitere Reform der nationalen Führungsstrukturen notwendig. Die in der vergangenen

Legislaturperiode diskutierten Reformvorschläge unterschieden sich hier deutlich in ihrer Radikalität (siehe z. B. Müller 2021; Vogel 2020). Eine strukturelle Ausrichtung entlang von NATO-Standards entgegen der gängigen Orientierung an der (bundes-)ministeriellen Struktur ist vor dem Hintergrund zunehmender Multinationalität und Interoperabilitätsanforderungen sicherlich sinnvoll (Müller 2021), ebenso wie das Anstreben einer mittelfristigen größer angelegten Reform, die auch zivile und ministerielle Strukturen miteinschließt (Vogel 2020).

Die Einsatzfähigkeit der zur Verfügung stehenden Streitkräfte ist von entscheidender Bedeutung, um zeitnah militärisch reagieren zu können. Zusammengefasst erfordert die Reorientierung von Auslandseinsätzen hin zu Landes- und Bündnisverteidigung die Umstellung von auf lange Zeit planbaren Einsatzkontingenten, für die Personal, Material und Prozesse absehbar organisiert werden konnten, auf schnell einsatzfähige organische Großverbände (Zorn 2021, 13). Eine zu geringe Einsatzbereitschaft bei den Hauptwaffensystemen der Bundeswehr ist kein Geheimnis. Auch wenn genaue Zahlen mittlerweile der Geheimhaltung unterliegen und aktuelle Berichte nurmehr einzelne Beispiele enthalten, wird klar, dass selbstgesteckte Ziele bei einer Reihe von Waffensystemen nicht erreicht werden (BMVg 2021a). Neben finanziellen Gründen – Beschaffungen ohne hinreichende Ersatzteile oder eine verspätete Bestellung dieser – hat dies auch strukturelle Gründe. Besonders neue und besonders alte Waffensysteme sind wesentlich wartungsintensiver als solche mitten im Lebenszyklus. Einsatzfähigkeit hängt aber auch von mentalen, strukturellen und prozeduralen Faktoren ab. Anekdotenhaft lässt sich ein Mangel an mentalen Faktoren z. B. an der wachsenden Anzahl an Wehrdienstverweigerungen durch aktive Soldaten und Reservisten seit Beginn des Ukrainekrieges abbilden (Maurin 2022). Strukturell ist auf die Veränderung gesellschaftlicher Rahmenbedingungen der Soldaten hinzuweisen, die eine schnelle Einsatzbereitschaft verhindern können, z. B. Pflege der Eltern, Kinderbetreuung

o. Ä. Gerade gesellschaftliche Veränderungen unterstreichen, dass eine Reproduktion von Konzepten des Kalten Krieges unzureichend ist und hier neue Antworten gefunden werden müssen (Krause 2022; BMVg 2022b, 6). Zuletzt erfordert prozedurale Einsatzfähigkeit die Verstetigung und Beschleunigung interner Prozesse. Mit der festen Zuordnung von Verbänden aus verschiedenen Teilstreitkräften zu Heeresverbänden wird zumindest Ersteres verbessert (BMVg 2022b, 4 f.). Erst aus der Kombination von materiellen, mentalen, strukturellen und prozeduralen Voraussetzungen ergibt sich eine hinreichende Einsatzfähigkeit für die Landes- und Bündnisverteidigung, abgebildet im Begriff der ‚Kaltstartfähigkeit', die der Generalinspekteur 2021 forderte (BMVg 2021).

Fazit

Die *Zeitenwende* bedeutet bisher keinen grundlegenden Strukturwandel für die Bundeswehr. Vielmehr bietet sie den Anlass, um den bereits nach 2014 angekündigten und bislang nur halbherzig verfolgten Umbau (Stichwort ‚Trendwenden') der Bundeswehr voranzutreiben, mit finanziellen Ressourcen zu hinterlegen und in Teilen zu beschleunigen (Zorn 2022). Wenn dieses Fazit vor dem Hintergrund der politischen Ambition, „eine der schlagkräftigsten Armeen in Europa" (RND/dpa 2022) zu bilden, nüchtern erscheint, liegt dies vor allem daran, dass eine konsequente Umsetzung der 2016 gesteckten Ziele eine solche Armee ohnehin spätestens Anfang der 2030er Jahre zur Folge gehabt hätte. Der Einfluss der *Zeitenwende* ist also vor allem die (verspätete) Schaffung eines überparteilichen Konsenses der seit 2014 erkannten veränderten Sicherheitslage und der politischen Notwendigkeit der Umsetzung damaliger Planungen. Einschränkend sind aber zwei Bemerkungen zu machen: Erstens wird aus der Historie sichtbar, dass strukturelle Anpassungen längere Zeit erfordern (siehe „Krim-Schock" 2014, Neuplanung 2016). Zweitens steht die finanzielle Unterfütterung der Bundeswehr durch einen steigenden regulären Verteidigungshaushalt trotz weitreichenden politischen Konsenses auf wackeligen Füßen, was die Umsetzung der Planungen stets gefährdet.

Ein weiter stetig wachsender Verteidigungshaushalt bleibt allerdings grundlegende Bedingung für eine erfolgreiche *Zeitenwende*, auch wenn das Sondervermögen einen Gutteil der Modernisierungskosten trägt. Zusammen mit Reformen im Beschaffungswesen sichert er die materielle Einsatzbereitschaft, ermöglicht das Schließen existierender Fähigkeitslücken und stellt die Mittel zum erfolgreichen Erhalt und Ausbau des Personalkörpers zu Verfügung.

Im Einklang mit der Neubeschaffung von Gerät erhöht ein wachsender Verteidigungshaushalt die Resilienz der Truppe, materiell und personell, um den Anforderungen hochintensiver Konflikte gerecht werden zu können. Dies beinhaltet einen moderaten Ausbau der Personalreserve und die Reaktivierung bzw. den Neuaufbau von Depotkapazitäten. Initiativen wie die Heimatschutzregimenter sowie der Zuwachs von Reservedienstposten (BMVg 2022b, 7) sind deshalb gute Ansätze. Auch Instrumente wie die Schaffung der Dienstgrade Korporal/Stabskorporal dienen dem Erhalt von Personal und Wissen in der Truppe.

Um mentale, strukturelle und prozedurale Voraussetzungen der ‚Kaltstartfähigkeit' zu schaffen und zu verbessern, sollte mehr geübt werden. Solche Übungsaktivität sollte auch auf höheren Einheitenebenen (Brigade/Division) regelmäßig durchgeführt werden, wenngleich dies verstärkte Material- und Personalbeanspruchung mit sich bringt. Der (Wieder-)Lernprozess großer und hochintensiver konventioneller Konfliktlagen sollte sich dabei eng an den in den kommenden Monaten deutlicher hervortretenden Lehren aus dem Ukrainekrieg orientieren (Borchert/Schütz 2022).

Literatur

Autorenteam der Abteilung I des Planungsamtes der Bundeswehr (2021): Die Zielbildung der Bundeswehr im Planungsamt, in: Wehrtechnik, Sonderheft 2021, 11–14.

Barrie, Douglas et al. (2018): Protecting Europe: Meeting the EU's Military Level of Ambition in the Context of Brexit, https://dgap.org/system/files/article_pdfs/protecting_europe.pdf [Zugriff: 05.07.2022].

Borchert, Heiko/Schütz, Torben (2022): Die neue Währung heißt Einsatzerfahrung, in: Der Tagesspiegel (online), 27.06.2022, https://www.tagesspiegel.de/politik/bundeswehr-und-ruestungsindustrie-koennen-aus-ukrainekrieg-viel-lernen-die-neue-waehrung-heisst-einsatzerfahrung/28455250.html [Zugriff: 04.07.2022].

BMVg – Bundesministerium der Verteidigung (Hrsg.) (2016): Weißbuch zur Sicherheitspolitik und zur Zukunft der Bundeswehr, https://www.bmvg.de/resource/blob/13708/015be272f8c0098f1537a491676bfc31/weissbuch2016-barrierefrei-data.pdf [Zugriff: 5 Juli 2022].

BMVg – Bundesministerium der Verteidigung (2018): Die Konzeption der Bundeswehr – Ausgewählte Grundlinien der Gesamtkonzeption, https://www.bmvg.de/resource/blob/26546/befaf450b146faa515e19328e659fa1e/20180731-broschuere-konzeption-der-bundeswehr-data.pdf [Zugriff: 04.07.2022].

BMVg – Bundesministerium der Verteidigung (2021): Podiumsdebatte: Bundeswehr muss wieder „kaltstartfähig" werden, https://www.bmvg.de/de/aktuelles/podiumsdebatte-bundeswehr-muss-wieder-kaltstartfaehig-werden-5103566 [Zugriff: 05.07.2022].

BMVg – Bundesministerium der Verteidigung (2022a): Tagesbefehl zur Aufstellung des Territorialen Führungskommandos der Bundeswehr, https://www.bundeswehr.de/de/aktuelles/meldungen/tagesbefehl-aufstellung-des-territorialen-fuehrungskommandos-5447044 [Zugriff: 04.07.2022].

BMVg – Bundesministerium der Verteidigung (2022b): Sachstandsbericht zur Bestandsaufnahme, https://www.bmvg.de/resource/blob/5462156/75fb5f3c26d1be00e789e4a13e804268/dl-sachstandsbericht-data.pdf [Zugriff: 19.07.2022].

Bundeswehr (2022): Das Weltraumkommando der Bundeswehr, https://www.bundeswehr.de/de/organisation/luftwaffe/aktuelles/das-weltraumkommando-der-bundeswehr-5443406 [Zugriff: 19.07.2022].

Bundeswehr (o. J.): Trendwende Personal, https://www.bundeswehr.de/de/ueber-die-bundeswehr/modernisierung-bundeswehr/trendwende-personal [Zugriff: 04.07.2022].

Deutscher Bundestag (2022): Unterrichtung durch die Wehrbeauftragte – Jahresbericht 2021 (63. Bericht), https://dserver.bundestag.de/btd/20/009/2000900.pdf [Zugriff: 04.07.2022].

Geiger, Waldemar (2022): Heer will Flugabwehrfähigkeit innerhalb der Artillerie aufbauen, in: Soldat & Technik, 07.04.2022, https://soldat-und-technik.de/2022/04/streitkraefte/31172/heer-flugabwehrfaehigkeit [Zugriff: 04.07.2022].

Glatz, Rainer L./Zapfe, Martin (2017): NATO's Framework Nations Concept, in: CCS Analyses in Security Policy 218 (Dezember 2017), https://css.ethz.ch/content/dam/ethz/special-interest/gess/cis/center-for-securities-studies/pdfs/CSSAnalyse218-EN.pdf [Zugriff: 19.07.2022].

IISS – International Institute for Strategic Studies (1991–2022): The Military Balance 1991–2022, London/New York.

King, Anthony (2011): The Transformation of Europe's Armed Forces: From the Rhine to Afghanistan. Cambridge/New York.

Krause, Dan (2019): Erfolg oder Fehlschlag – Wie steht es um die Trendwenden der Bundeswehr?, in: Europäische Sicherheit & Technik, 09.06.2019, https://esut.de/2019/06/fachbeitraege/politik-fachbeitraege/12899/erfolg-oder-fehlschlag-wie-steht-es-um-die-trendwenden-der-bundeswehr [Zugriff: 19.07.2022].

Krause, Stephanie H. (2022): Warum wir Einsatzbereitschaft neu denken müssen, in: Reservistenverband, 28.04.2022, https://www.reservistenverband.de/magazin-loyal/warum-wir-einsatzbereitschaft-neu-denken-muessen [Zugriff: 04.07.2022].

Maurin, Jost (2022): Pazifismus und der Ukraine-Krieg: Mein Krieg mit der Waffe, in: taz, 26.06.2022, https://taz.de/!5858603 [Zugriff: 04.07.2022].

Mauro, Frédéric (2019): EU Defence: The White Book Implementation Process. Study for the European Parliament/Directorate-General for External Policies of the Union, https://data.europa.eu/doi/10.2861/146500 [Zugriff: 04.07.2022].

Merkel, Angela (2019): Rede zum Feierlichen Gelöbnis der Bundeswehr, gehalten am 20.06.2019, https://www.bundesregierung.de/breg-de/service/bulletin/rede-von-bundeskanzlerin-dr-angela-merkel-1650394 [Zugriff: 04.07.2022].

Müller, Björn (2021): Bessere Aufstellung, in: Reservistenverband, 04.02.2021, https://www.reservistenverband.de/magazin-loyal/bessere-aufstellung [Zugriff: 05.07.2022].

RND/dpa (2022): Lindner: Bundeswehr soll „eine der schlagkräftigsten Armeen in Europa" werden, in: Redaktionsnetzwerk Deutschland, 28.02.2022, https://www.rnd.de/politik/lindner-bundeswehr-soll-eine-der-schlagkraeftigsten-armeen-in-europa-werden-BVVS2WIBE5OMEY72S72RR6TUAA.html [Zugriff: 05.07.2022].

Ruwe, Jürgen (2018): Weiterentwicklung des Deutschen Heeres, in: Clausewitz-Gesellschaft e. V., 09.06.2018, https://www.clausewitz-gesellschaft.de/die-weiterentwicklung-des-deutschen-heeres-rk-west-am-14-05-2018 [Zugriff: 04.07.2022].

SIPRI (o. J.): SIPRI Military Expenditure Database, https://www.sipri.org/databases/milex [Zugriff: 05.07.2022].

Vogel, Dominic (2020): Nationale Führungsstrukturen reformieren, in: SWP-Aktuell 25 (April 2020), https://www.swp-berlin.org/publikation/bundeswehr-nationale-fuehrungsstrukturen-reformieren [Zugriff: 05.07.2022].

Wiegold, Thomas (2018): Bundeswehr: Truppe am Limit, in: Die Zeit (online), 10.07.2018, https://www.zeit.de/politik/deutschland/2018-07/bundeswehr-ausruestung-maengel-verteidigungshaushalt [Zugriff: 04.07.2022].

Wiegold, Thomas (2022): Personalstärke April 2022: Knapp über 183.000, Rekord-Tief an Zeitsoldaten, in: Augen geradeaus!, 04.06.2022, https://augengeradeaus.net/2022/06/personalstaerke-april-2022-knapp-ueber-183-000-rekord-tief-an-zeitsoldaten [Zugriff: 04.07.2022].

Zorn, Eberhard (2021): Rede bei der Bundeswehrtagung, gehalten am 11.06.2021, https://www.bmvg.de/resource/blob/5094274/64bec5411370f73f3a6b201bd96d9559/rede-des-generalinspekteurs-der-bundeswehr-general-eberhard-zorn-bei-der-bundeswehrtagung-data.pdf [Zugriff: 04.07.2022].

Zorn, Eberhard (2022): Mein Ziel ist klar: Der Auftrag Landes- und Bündnisverteidigung muss das Denken und Handeln unserer Bundeswehr bestimmen!, in: Twitter, 06.07.2022, https://twitter.com/BundeswehrGI/status/1544569821832044545 [Zugriff: 19.07.2022].

Vier Fäuste und (k)ein Halleluja: Rüstungsindustriepolitik in der Zeitenwende[4]

Heiko Borchert und Joseph Verbovszky

„V2-Syndrom" – der Vergleich schlug ein wie die sprichwörtliche Bombe. Kanzleramtschef Wolfgang Schmidt stellte ihn beim Progressive Governance Summit Mitte Oktober 2022 in Berlin an. „Ihm komme die Forderung nach Panzern mittlerweile vor wie die Hoffnung, endlich einen ‚Zauberstab' zu finden", um den Krieg zu beenden – deshalb V2 (Volmer 2022). Die Kritik an Schmidt folgte auf dem Fuße. Marie-Agnes Strack-Zimmermann, FDP-Vorsitzende des Verteidigungsausschusses, bot Schmidt Waffenkunde an; CDU-Vertreter kritisieren den Sprachgebrauch Schmidts (dpa/ghö 2022).

Der Vergleich trifft die Achillesferse der strategischen Debatte in Deutschland, nämlich die Rolle und den Stellenwert rüstungsindustrieller Produkte. Seit Jahrzehnten fehlt eine strategische Erklärung, wie Rüstungskooperation und Waffensysteme – sowie ihr Export – die außen-, sicherheits- und wirtschaftspolitische Interessen Deutschlands unterstützen können. Die Forderung nach umfassender militärischer Unterstützung der Ukraine sucht diese Lücke mitunter brachial zu schließen, bislang nur mit mäßigem Erfolg. Dabei lässt sie aber völlig offen, welche fähigkeitsbezogenen Lehren Deutschland aus dem Ukrainekrieg ziehen kann und welche Konsequenzen sich daraus für deutsche Rüstungsprodukte ergeben (Bor-

---

[4] Aktualisierte Kurzfassung des Beitrags: Borchert, Heiko/Schütz, Torben/Verbovszky, Joseph (2022): ‚Unchain My Heart.' A Defense Industrial Policy for Germany's Zeitenwende, in: Zeitschrift für Außenpolitik 15, S. 4, online am 18. Oktober 2022, https://link.springer.com/article/10.1007/s12399-022-00926-4.

chert/Schütz 2022). Zudem ignoriert sie weitgehend den industrierelevanten Unterbau, d. h. die Frage, wie eine deutsche Rüstungsindustriepolitik konzipiert werden müsste, die Antworten auf die aktuellen und künftigen Sicherheitsherausforderungen sowie die Erwartungen gibt, die die Bundesregierung mit der Ankündigung der sicherheitspolitischen *Zeitenwende* geweckt hat. Dieses Defizit wiegt umso schwerer, als der russische Angriff auf die Ukraine und ihre Unterstützung durch westliche Staaten bereits deutlich machen, dass rüstungsindustrielle Kaltstart- und massiv erhöhte Produktionsfähigkeit unter akuter Bedrohung künftig zentrale industrielle Voraussetzungen dafür sind, dass die Bundeswehr ihre Aufgaben überhaupt erfüllen kann.

Vor diesem Hintergrund beleuchtet der vorliegende Beitrag mit dem Ausbau der verteidigungsrelevanten Innovationskraft, dem Konzept der rüstungsindustriellen Rahmennation und der regionalen Versorgungssicherheit schlaglichtartig drei Ankerpunkte einer mit der *Zeitenwende* konformen Rüstungsindustriepolitik. Wir entwickeln diese Gedanken im Anschluss an eine kurze Skizze der rüstungsindustriellen Kernaspekte der *Zeitenwende*-Erklärung von Bundeskanzler Scholz und der Darstellung aktueller Schwachpunkte.

Zeitenwende-Rhetorik und rüstungsindustrielle Realität

Deutschlands Verteidigungspolitik ist in Bewegung. Im Februar 2022 kündigte Bundeskanzler Scholz ein Sondervermögen von 100 Milliarden Euro an, um die Bundeswehr besser auszustatten und Fähigkeitslücken zu schließen. Daran schlossen sich mehrere Entscheidungen an, die bisherige verteidigungspolitischen Grundlinien Deutschlands aufweichen (siehe auch: Major/Ondarza 2022). Berlin liefert (wieder) Waffen in Kriegsgebiete, greift bei zentralen Beschaffungsvorhaben auf US-amerikanische Produkte zurück (F-35 Kampfjet, Schwerer Transporthubschrauber), will Beschaffungen der Bundeswehr beschleunigen und reaktiviert das Konzept der militärischen Rahmen- bzw. Führungsnation, wie die jüngsten Pläne zum Aufbau des European Sky Shield als Verbundansatz zum Ausbau der Flugabwehr verdeutlichen (BMVg 2022).

Diese Schritte sind wichtig und stehen im Zeichen des Krieges in der Ukraine. Allerdings verdrängt dieser Fokus andere Themen aus dem Rampenlicht. Das ist ein Problem, weil politische Erklärungen und Geld allein nicht ausreichen, um das rüstungsindustrielle Ökosystem Deutschlands konzeptionell und strukturell so zu verändern, wie es die *Zeitenwende*-Rhetorik erfordert.

Öffentlicher Auftraggeber, die Industrie sowie die Forschungseinrichtungen, die Grundlagen- und angewandte Forschung betreiben, bilden gemeinsam das rüstungsindustrielle Ökosystem. Darin haben sich die Akteure über Jahrzehnte immer stärker aneinander angeglichen. Bestehende Prozesse dienen primär dazu, detailreiche Spezifikationen des Bedarfsträgers akribisch umzusetzen. Dadurch wird Freiraum, der für neue Konzepte und neue rüstungsindustrielle Lösungen unerlässlich ist, weitgehend beschränkt. Überlagert wird dieser Umstand durch eine Null-Risiko-Mentalität, die Innovation als bürokratischen Akt „domestiziert" (Alvarez 2021) und damit unterbindet, sowie ein enges finanzpolitisches Kontrollregime (Stichwort: 25-Millionen-Vorlage), das die Flexibilität einschränkt, die für mehrjährige Rüstungsvorhaben erforderlich wäre. Die Folge ist ein austariertes Alimentierungssystem, in dem jeder Akteur mit Argusaugen darauf achtet, seine Stellung zu verteidigen. Neue Konzepte, neue Technologien und neue Akteure werden als Katalysatoren und Ideengeber zwar herbeigeredet, haben aber in der bestehenden Systemlogik kaum Platz.

In dieses Ökosystem platzt der Krieg in der Ukraine wie ein ungebetener Gast. Krieg nach dem Muster des jüngsten russischen Angriffs auf die Ukraine spiegelte bislang nicht die Realität der Bundeswehr und damit auch nicht des rüstungsindustriellen Ökosystems wider. Natürlich benötigte die Bundeswehr für internationales Krisenmanagement neue Fähigkeiten und damit auch neue Produkte. Aber die Anforderungen, die sich daraus für die rüstungsindustrielle Leistungsfähigkeit ableiteten, wichen deutlich von dem ab, was beispielsweise die Ukraine an militärischer Unterstützung fordert. Die deutsche Rüstungsindustrie ist eine Langläuferindustrie, aber das entspricht nicht dem unmittelbaren Einsatzbedarf im Krieg. Die Rüstungsindustrie produziert kleine Stückzahlen, aber das entspricht nicht dem hohen Verschleiß im Krieg. Die Rüstungsindustrie stellt nach klaren Spezifikationen optimierte Systeme für (in der Regel) klar abgegrenzte Missionsanforderungen her, aber das entspricht nicht dem Bedarf an Interoperabilität und Improvisation im Krieg. Die Folge ist, dass Deutschland der Ukraine Zusagen zur Lieferung militärischen Geräts macht, das erst noch hergestellt werden muss. An diesem Punkt klaffen Realität und Rhetorik der *Zeitenwende* – bezogen auf die Rüstungsindustriepolitik – weit auseinander.

Ankerpunkte der Weiterentwicklung

Genau diese Lücke wird nun zum Problem der *Zeitenwende*. Deutsche Sicherheitspolitik ist international angelegt und sucht strategische Partnerschaften mit einzelnen Ländern sowie Kooperation im multilateralen Rahmen. Dieser kooperative Ansatz wird durch eine unzureichende Rüstungsindustriepolitik untergraben – und das kommt in der internationalen Kritik am Verhalten der Bundesregierung bei der militärischen Unterstützung der Ukraine deutlich zum Ausdruck.

„Wenn es die Marktkräfte innerhalb der Volkswirtschaft eines Landes nicht vermögen, deren Innovations- und Wettbewerbsfähigkeit aufrechtzuerhalten", hat eine „aktivierende Industriepolitik" des Staates ihre Berechtigung – so formulieren es die Leitlinien der nationalen Industriestrategie 2030 des vormaligen Bundeswirtschaftsministers Peter Altmaier (BMWi 2019, 2). Im Rüstungskontext geht es aber weniger darum, ein Markt-, sondern vielmehr ein Politikversagen zu beheben, denn der Staat definiert „mit seinen Vorgaben als Entwickler, Einkäufer, Regulator und teilweise Miteigentümer" (Borchert/Thiele 2014, 369) alle relevanten Parameter. Deshalb trägt er die Verantwortung dafür, bestehende rüstungsindustriepolitische Grundlagen (siehe etwa Bundesregierung 2020) weiterzuentwickeln.

Die Rüstungsindustriepolitik definiert den ordnungspolitischen Rahmen für die adäquate und interoperable Ausrüstung der Bundeswehr sowie die Leistungsfähigkeit der rüstungsindustriellen Basis. Im Lichte der *Zeitenwende*, die auch Deutschlands internationale Verantwortung neu interpretiert, erachten wir es als zentral, dass Deutschland seine rüstungsindustrielle Innovationskraft stärkt, das Konzept der rüstungsindustriellen Rahmennation vorantreibt und regionale Versorgungssicherheit stärker in den Blick nimmt.

Innovationskraft stärken

Die Forderung nach Verteidigungsinnovation ist in aller Munde, doch selten wird genau definiert, was damit gemeint ist und welche Probleme gelöst werden sollen. Wir verstehen darunter Veränderungen in der Art und Weise, wie sich Streitkräfte auf ihre Aufgaben vorbereiten und wie sie diese erbringen. Diese Veränderungen müssen den eigenen Streitkräften militärische Vorteile gegenüber dem Gegner ermöglichen. Dazu können die Veränderungen konzeptioneller, kultureller, organisatorischer oder technischer Natur sein (Borchert et al. 2021, 13). Angesichts der veränderten geostrategischen Lage in Europa erachten wir es als vordringlich, dass Verteidigungsinnovation Streitkräfte beispielsweise dazu befähigt, den eigenen Risikoappetit auszubauen und die eigene Risikovorsorge zu stärken, gegnerische Kräfte dank neuer taktischer Verhaltensmuster zu überraschen, vorhandene Mittel effizienter zu nutzen und signifikante Wirkungssteigerungen für Altsysteme zu ermöglichen (Borchert et al. 2022, 19 f.).

Vor diesem Hintergrund ist es eine zentrale Aufgabe, den strategischen Zusammenhang zwischen Wagemut als nationaler Ambition, Risikobereitschaft und Innovationskraft politisch zu legitimieren und zu erklären. Diese Aufgabe fällt vor allem dem Bundestag zu, der eine wesentliche Rolle im diskursiven Ringen um die deutsche Sicherheitspolitik spielt (Verbovszky 2022, 25). Ein explizites Innovations- und Experimentalbudget als Bestandteil des Verteidigungshaushalts ist dazu ein erster Schritt. Dieses Budget wäre zweckoffen, um unterschiedliche Vorhaben zu fördern sowie Forschung und Technologie ebenso zu unterstützen wie Erprobung, Konzeptentwicklung und die Anpassung der Ausrüstung. Ebenso könnte genau dieses Budget genutzt werden, um Projekte im Rahmen des Europäischen Verteidigungsfonds mitzufinanzieren. Zudem sollte der Verteidigungsausschuss eine Innovationsbotschafterin bzw. einen -botschafter ernennen, um der Forderung nach Innovation Gesicht und Stimme zu geben sowie die politische Sichtbarkeit der Thematik zu stärken. Sie bzw. er wäre Hüter(in) des neuen Budgettitels und würde zu jährlichen Konzept- und Technologiedemonstrationen einladen.

Zweitens kann die Bundesregierung die Verteidigungsinnovation mit Hilfe von Reallaboren fördern. Diese schaffen durch gezielte Ausnahmegenehmigungen oder das Nutzen von Experimentierklauseln einen Testraum, um militärische Technologien und Konzepte unter Realbedingungen zu erproben. Zivile Zulassungsbedingungen, Produkthaftung und Garantieverpflichtungen sind drei Aspekte, die in solchen Reallaboren gezielt gelockert werden könnten. Reallabore könnten zudem mit dem Test- und Versuchsverband des Heeres in Munster kombiniert werden, um Planer, Operateure, Industrie und Wissenschaft systematisch zusammenzuführen.

Drittens ist es wichtig, im rüstungsindustriellen Ökosystem Deutschlands mehr Wettbewerb an der richtigen Stelle zu fördern. Als Weckruf an Industrie und Wissenschaft sollte das Verteidigungsministerium unabhängige Designbüros schaffen und über das Sondervermögen finanzieren. Die Designbüros wären ausschließlich in dieser Funktion tätig, d. h. nicht die Hersteller eines Waffensystems würden mit der Entwicklung der nächsten Generation beauftragt, sondern ein Designteam. Dieses wäre auch für das Rapid Prototyping und die simulationsgestützte Evaluierung verantwortlich.

Konzept der rüstungsindustrielle Rahmennation präzisieren

Deutschland spielte eine Schlüsselrolle bei der Entwicklung des Konzepts der Rahmennation, das die NATO 2014 eingeführt hat. Einem Lego-System vergleichbar, stellt eine Nation den Kern militärischer Verbände bzw. Fähigkeiten bereit, um den sich andere Länder komplementär anordnen können. Die Interoperabilität spielt hierbei eine Schlüsselrolle, und das rückt den Beitrag der Rüstungsindustrie in den Vordergrund. Bis heute hat Deutschland diesen Ansatz rüstungsindustriell nicht konsequent umgesetzt. Der jüngste Vorschlag, einen Leopard 2-Nutzerclub zur Unterstützung der Ukraine zu bilden (Gressel et al. 2022), sowie die schon erwähnte European Sky Shield-Initiative verdeutlichen, dass es höchste Zeit ist, dieses Versäumnis zu beheben.

In einem ersten Schritt muss Berlin seine Ambition als rüstungsindustrielle Rahmennation klären. Diese kann zum Beispiel darin bestehen, Versorgungssicherheit zu gewährleisten, indem Rüstungsunternehmen zentrale Versorgungsleistungen für Partner übernehmen. Der Vorschlag eines Leopard 2-Nutzerclubs zählt ebenso zu dieser Kategorie wie die aktuelle Munitionsversorgung der Niederlande sowie Großbritanniens durch Rheinmetall. Eine zweite Option ergibt sich aus der Entwicklung relevanter Technologien und Fähigkeiten, an der Partner komplementär beteiligt werden. Dazu könnten Reallabore und Versuchsverbände multinational genutzt werden. Den Partnern käme dabei die Rolle konzeptioneller „Schnellboote" zu, die in kurzen Zyklen durch spezifische Beiträge den Entwicklungsablauf beschleunigen und den technischen Reifegrad erhöhen. So ließe sich beispielsweise auch die Erfahrung der Ukraine mit dem Einsatz deutscher Waffensysteme nutzen, um diese gezielt weiterzuentwickeln. Eine weitere Option könnte darauf ausgerichtet sein, die Konzept-, Simulations- und Bewertungsfunktion zur Entwicklung neuer Rüstungsprodukte gemeinsam mit Partnern signifikant auszubauen und schnelle Prototypenentwicklung sowie Experimente mit unabhängigen Designbüros voranzubringen. Deutschland könnte hierfür einen Clusteransatz wählen, der Technologie- und Fähigkeitsentwicklung für Vorhaben hohen Risikos und hohen Nutzens kombiniert und damit beispielsweise auch die jüngsten Innovationsbestrebungen der NATO (Stichwort: Defense Innovation Accelerator for the North Atlantic, DIANA) unterstützen.

Als rüstungsindustrielle Rahmennation kann Deutschland die Rüstungskooperation in Europa stärken, wie der Koalitionsvertrag dies vorsieht (SPD/Grüne/FDP 2021, 149). Dazu ist als zweiter Baustein ein Government-to-Government-Konzept (G2G) erforderlich. Dieses sichert Partnerschaften strategisch ab, ermöglicht es Partnern, Rüstungsprodukte zu den Konditionen des Ursprungslandes zu erwerben, schafft einen „heißen Draht", um Probleme in der Zusammenarbeit mit der Industrie zu lösen, und ist ein ideales Instrument, um rüstungsrelevante Forschungs- und Technologieentwicklung auszubauen. Ein solches Konzept

- präzisiert die politischen Unterstützungsleistungen, die Deutschland für Partner erbringen will (z. B. strategischer Dialog, Training und Ausbildung, Nutzen deutscher Testinfrastruktur, Unterstützung des Beschaffungsmanagements);
- benennt die staatlichen Stellen mit ihren Ansprechpartnern, die für G2G-Unterstützung in Frage kommen, und erleichtert damit die ressortübergreifende Zusammenarbeit;
- definiert, wie Aufgaben, Verantwortlichkeiten, Kompetenzen und Risiken zwischen Amtsseite und Industrie aufgeteilt werden;
- zeigt auf, wie die Präsenz politischer und militärischer Entscheidungsträger sowie von Bundeswehreinheiten in den für Deutschland maßgeblichen Interessenregionen dazu beitragen kann, rüstungspolitische Beziehungen zu internationalen Partnern zu festigen und auszubauen;
- definiert die Spielräume und die Grenzen für Markteintritt, Offsetvereinbarungen sowie den Transfer von Technologie und geistigen Eigentumsrechten an die internationalen Partner.

Drittens sollte Berlin das internationale Netzwerk deutscher Rüstungsunternehmen konsequent auch als politisches Gestaltungsinstrument verstehen. Das Spektrum der Leistungen, die deutsche Rüstungsunternehmen erbringen, reicht von strategischer Beratung über Aus- und Weiterbildung in Deutschland und Partnerländern bis zu gemeinsamer Entwicklung und Fertigung sowie dem Unterhalt strategischer Reserven. Dieses breite Portfolio kann konsequent ausgebaut und gefestigt werden, indem beispielsweise die Tochterunternehmen deutscher Rüstungskonzerne als Brückenköpfe im und ins Ausland verstanden werden, um die Kooperationscluster aufgebaut werden. Von zentraler Bedeutung ist dabei die Ausbildung von Fachkräften in der Rüstungsindustrie. Dieser Kompetenzaufbau bei

Partnern bewirkt eine tiefe industrielle Integration und kann auch dazu genutzt werden, beispielsweise Reservekräfte der Bundeswehr sowie ehemalige Mitarbeitende deutscher Unternehmen in beratender Rolle für und bei Partnern einzusetzen.

Regionale Versorgungssicherheit gewährleisten

Schließlich steht der Hinweis auf die rüstungsindustriellen Netzwerke deutscher Unternehmen auch im Zusammenhang mit dem Streben nach Versorgungssicherheit. Ein regionaler Ansatz erlaubt es, den Fokus von einzelnen Versorgungslieferketten auf umfassende Versorgungsnetzwerke zu legen. Diese Netzwerke ermöglichen jedem Partner – abhängig von seinem industriellen Reifegrad, vorhandenen Kapazitäten und Fähigkeitspräferenzen – eine Rolle entlang des gesamten Produktlebenszyklus. Um Risiken von zu großer Konzentration zu vermeiden und die Versorgungssicherheit angesichts zunehmender geoökonomischer Spannungen zu minimieren, müssen solche Netzwerke widerstandsfähig sein. Dazu ist es sinnvoll, Produktionskapazitäten auf mehrere Standpunkte zu verteilen, um Ausweichmöglichkeiten zu schaffen, Lagerkapazitäten für strategische Rohstoffe und Halbfertigfabrikate aufzubauen und gemeinsam zu finanzieren sowie kritische Designexpertise regional gemeinsam zu erhalten und weiterzuentwickeln. Insgesamt rückt ein regionaler Ansatz der Versorgungssicherheit die Notwendigkeit der industriellen Interoperabilität – die neben der Produktinteroperabilität gerne vergessen wird – in den Vordergrund der Betrachtung. Sie ermöglicht es, kritische Rüstungsgüter parallel an verschiedenen Standorten zu entwickeln und herzustellen, und schafft damit genau jenes Netz, das Europa im Fall einer gegen den Kontinent gerichteten kriegerischen Auseinandersetzung benötigt, um rüstungsindustriell liefer- und durchhaltefähig zu bleiben.

Fazit: Noch kein Halleluja

„Jeder hat einen Plan, bevor ihn ein Faustschlag im Gesicht trifft", stellte der frühere Boxer Mike Tyson fest (zit. nach Freedman 2013, IX). So ähnlich steht es um die *Zeitenwende*. Die vier Fäuste, die unserem Aufsatz den Titel geben, schlugen in Form des Kriegs in der Ukraine auf die deutsche Sicherheitspolitik ein. Der Schlag saß – teilweise, weil er bestehende Denkmuster aufbricht und punktuelle Verbesserungen herbeiführt. Die grundsätzliche Kluft zwischen dem Anspruch der *Zeitenwende* und der rüstungsindustriellen Realität bleibt aber bestehen. Es besteht sogar das Risiko, dass die Kluft wächst, weil das rüstungsindustrielle Ökosystem nur sehr beschränkt in der Lage sein wird, sich neuen Veränderungen anzupassen, während es gleichzeitig Milliardenausgaben absorbieren soll. Gerade weil die Rüstungsindustrie in hohem Masse staatlich reguliert ist, setzt sich die Bundesregierung mit dem *Zeitenwende*-Anspruch selbst unter Zugzwang, den rüstungsindustriepolitischen Ordnungsrahmen neu zu bestimmen. Das Ausbleiben dieses Schrittes gefährdet die Kooperationsfähigkeit Deutschlands und die Leistungsfähigkeit seines rüstungsindustriellen Ökosystems – und das ist kein Halleluja für die *Zeitenwende*.

Literatur

Alvarez, Sonja (2021): Während wir Paragraf 65 einhalten müssen, hängen uns China und die USA ab, in: WirtschaftsWoche, 18.06.2021, https://www.wiwo.de/politik/deutschland/innovationen-in-deutschland-waehrend-wir-paragraf-65-einhalten-muessen-haengen-uns-china-und-die-usa-ab/27297078.html [Zugriff: 30.01.2023].

Borchert, Heiko/Thiele, Ralph (2014): Rüstungsindustrie im Umbruch, in: Zeitschrift für Außen- und Sicherheitspolitik 7 (3), 365–388.

Borchert, Heiko/Schütz, Torben/Verbovszky, Joseph (2021): Beware the Hype. What Military Conflicts in Ukraine, Syria, Libya, and Nagorno-Karabakh (Don't) Tell Us About the Future of War, in: Defense AI Observatory 2021/01, https://defenseai.eu/daio_beware_the_hype [Zugriff: 30.01.2023].

Borchert, Heiko/Schütz, Torben (2022): Das können Nato und Bundeswehr von ukrainischen Soldaten lernen, in: Tagesspiegel, 11.07.2022 https://www.tagesspiegel.de/politik/das-konnen-nato-und-bundeswehr-von-ukrainischen-soldaten-lernen-8025634.html [Zugriff: 30.01.2023].

Borchert, Heiko/Schütz, Torben/Verbovszky, Joseph (2022): Adaptive Portfolio: Catalysing NATO's Performance Through Innovation, in: GLOBSEC, https://www.globsec.org/news/15478-2 [Zugriff: 30.01.2023].

BMVg – Bundesministerium der Verteidigung (2022): NATO-Treffen: 15 Staaten beteiligen sich an European Sky Shield-Initiative, Pressemitteilung, in: Bundesministerium der Verteidigung, https://www.bmvg.de/de/aktuelles/nato-treffen-15-staaten-beteiligen-sich-an-essi-5510972 [Zugriff: 30.01.2023].

BMWi – Bundesministerium für Wirtschaft und Energie (2019): Nationale Industriestrategie 2030. Strategische Leitlinien für eine deutsche und europäische Industriepolitik, Berlin.

Bundesregierung (2020): Strategiepapier der Bundesregierung zur Stärkung der Sicherheits- und Verteidigungsindustrie, https://www.bmwk.de/Redaktion/DE/Downloads/S-T/strategiepapier-staerkung-sicherits-und-verteidigungsindustrie.html [Zugriff: 30.01.2023].

dpa/ghö (2022): Strack-Zimmermann bietet Kanzleramtschef Waffenkunde an, in: n-tv.de, 15.10.2022, https://www.n-tv.de/politik/Strack-Zimmermann-bietet-Kanzleramtschef-Waffenkunde-an-article23652858.html [Zugriff: 30.01.2023].

Freedman, Lawrence (2013): Strategy. A History, Oxford.

Gressel, Gustav/Loss, Rafael/Puglierin, Jana (2022): Der Leopard 2 wäre jetzt genau richtig, in: Die Zeit, 18.09.2022, https://www.zeit.de/politik/ausland/2022-09/ukraine-krieg-waffenlieferung-leopard-2 [Zugriff: 30.01.2023].

SPD/Grüne/FDP (2021): Mehr Fortschritt wagen. Bündnis für Freiheit, Gerechtigkeit und Nachhaltigkeit. Koalitionsvertrag zwischen SPD, Bündnis 90/Die Grünen und FDP, https://www.bundesregierung.de/breg-de/service/gesetzesvorhaben/koalitionsvertrag-2021-1990800 [Zugriff: 13.12.2022].

Major, Claudia/Ondarza, Nicolai von (2022): Zeitenwende (auch) für die europäische Souveränität, in: Aus Politik und Zeitgeschichte 72 (42/2022), 47–53.

Verbovszky, Joseph (2022): German Structural Pacifism: Cultural Trauma and German Security Policy since Reunification, Dissertation, Universität der Bundeswehr München.

Volmer, Hubertus (2022): Der Scholz-Ersatz sieht bei den Deutschen ein ‚V2-Syndrom', in: n-tv.de, https://www.n-tv.de/politik/Der-Scholz-Ersatz-sieht-bei-den-Deutschen-ein-V2-Syndrom-article23649800.html [Zugriff: 30.01.2023].

Die Bundeswehr, neue Technologien und der Wandel des Krieges im 21. Jahrhundert

Elisabeth Hoffberger-Pippan[5]

Die von Bundeskanzler Olaf Scholz angekündigte *Zeitenwende* hat unter anderem signifikante Auswirkungen auf verschiedenste militärische Bereiche, so auch auf neue Technologien. Unter neuen Technologien versteht man im militärischen Kontext grundsätzlich all jene Waffensysteme, die ganz besonders stark von der auch gesamtgesellschaftlich zunehmenden Digitalisierung geprägt sind. Dennoch gibt es keine offizielle, rechtlich verbindliche oder gar abschließende Definition des Begriffs der neuen Technologien (FES 2015). In diesem Beitrag wird unter neuen Technologien vor allem der Einsatz von Drohnen und autonomen Waffensystemen (AWS) verstanden. Der Einsatz von Drohnen sowohl durch Russland als auch die Ukraine (Burt 2022) zeigt, dass neue Technologien vom Gefechtsfeld nicht mehr wegzudenken sind und sich Deutschland dementsprechend positionieren muss (Hoffberger-Pippan et al. 2022). Dieser Beitrag zielt darauf ab, die *Zeitenwende* im Hinblick auf neue Technologien zu bewerten und einer eingehenden Analyse zu unterziehen. Dabei ist es notwendig, nicht nur die Rede des Bundeskanzlers in den Blick zu nehmen, sondern auch internationale Entwicklungen miteinzubeziehen. Denn nur eine Einbettung in den entsprechenden internationalen Kontext macht es möglich, die richtigen Rückschlüsse aus der Rede des Bundeskanzlers zu ziehen.

---

5   Die Autorin gibt hier ihre private Meinung wieder und schreibt nicht in einer offiziellen Kapazität als Mitglied des Österreichischen Außenministeriums.

Die *Zeitenwende* lässt sich im Hinblick auf neue Technologien im Wesentlichen in zwei Abschnitte gliedern. Zum einen hat die *Zeitenwende* erhebliche Auswirkungen auf die Frage nach der Bewaffnung von Drohnen. Obwohl im April 2022 auch der Haushaltsausschuss des Deutschen Bundestages der Bewaffnung von Drohnen zustimmte (BMVg 2022), bleiben einige Fragen offen, die im Rahmen dieses Beitrags geklärt werden sollen. Zum anderen stellt sich die Frage, ob und inwieweit die *Zeitenwende* Auswirkungen auf Deutschlands Haltung in Bezug auf autonome Waffensysteme (AWS) hat. Anders als Drohnen nehmen AWS sowohl Zielauswahl als auch Entscheidung zum Angriff selbstständig, ohne menschliches Zutun vor (IKRK 2016). Deutschland setzt sich seit Jahren für ein Verbot von AWS ein, deren Einsatz außerhalb menschlicher Kontrolle liegt (Ständige Vertretung 2021). Doch der Krieg in der Ukraine hat auch gezeigt, dass gerade der Einsatz neuer Technologien kriegsentscheidend sein kann. Es ist daher fraglich, ob Deutschland in Bezug auf AWS weiterhin die mit diesen Waffensystemen in Zusammenhang stehenden Risiken oder auch deren potenziellen Nutzen in den Fokus seiner Überlegungen stellen wird. Vieles deutet darauf hin, dass Deutschland nach wie vor am Erfordernis der Aufrechterhaltung menschlicher Kontrolle über AWS festhalten, sich aber gleichzeitig offener gegenüber technischer Innovation im militärischen Kontext zeigen wird. In diesem Zusammenhang ist weiter der Frage nachzugehen, welche Auswirkungen die *Zeitenwende* auf bestehende Rüstungsprojekte wie das Future Combat Air System (FCAS) hat. Die Bereitschaft, den Verteidigungsetat der Deutschen Bundeswehr deutlich zu erhöhen, hat jedenfalls eine positive Signalwirkung. Nichtsdestotrotz darf nicht in Vergessenheit geraten, dass die meisten Entwicklungen in Bezug auf neue Technologien weniger auf die von Olaf Scholz verkündete *Zeitenwende*, als vielmehr auf Erkenntnisse zurückzuführen sind, die innerhalb der Ministerien, insbesondere des Außen- und des Verteidigungsministeriums, gewonnen worden sind. Die Diskussion über die *Zeitenwende* (weniger die angekündigte *Zeitenwende* selbst) und die damit in Zusammenhang stehenden Erwartungen, allen voran der Bündnispartner, kann aber vielen Prozessen noch einmal einen kräftigen Schub und damit eine andere Dynamik verleihen, vorausgesetzt, dass Deutschland seiner Ankündigung in Bezug auf neue Technologien konkrete Taten folgen lässt.

Die Zeitenwende und neue Technologien: Die Bewaffnung der Heron TP

Die Diskussion über eine Bewaffnung von Drohnen des Typs Heron TP reicht lange zurück und hat vielfach für innenpolitische Spannungen und Diskussionen gesorgt (Dahlmann 2020). 2014 entschloss sich die damalige Bundesregierung, fünf Drohnen des Typs Heron TP des Herstellers Israel Aerospace Industries (IAI) zur Verbesserung der eigenen Fähigkeiten und als Interimslösung bis zur Inbetriebnahme der sogenannten Eurodrohne zu beschaffen (Dahlmann 2020). Während 2018 die entsprechende Zustimmung des Bundestages zur Beschaffung bewaffnungsfähiger Drohnen folgte, verweigerte Ende 2020 die SPD letztlich eine entsprechende Bewaffnung deutscher Drohnen. Letztlich hat sich die Ampelkoalition – wohl auch auf Druck der Oppositionsparteien – wieder für eine Bewaffnung deutscher Drohnen ausgesprochen. Der Koalitionsvertrag sieht nun Folgendes vor:

> „Bewaffnete Drohnen können zum Schutz der Soldatinnen und Soldaten im Auslandseinsatz beitragen. Unter verbindlichen und transparenten Auflagen und unter Berücksichtigung von ethischen und sicherheitspolitischen Aspekten werden wir daher die Bewaffnung von Drohnen der Bundeswehr in dieser Legislaturperiode ermöglichen" (SPD/Grüne/FDP 2021, 118).

Um die schier nicht enden wollende Diskussion über die Bewaffnung von Drohnen und vor allem die Bedeutung und die Rolle der sogenannten *Zeitenwende* besser verstehen zu können, lohnt sich ein Blick auf das Völkerrecht auf der einen Seite und auf geschichtliche Ereignisse auf der anderen Seite.

Völkerrechtlich problematische Drohneneinsätze seit den frühen 2000er Jahren

Die USA, aber auch einige andere Länder setzen seit Jahrzehnten Drohnen in erster Linie für sogenannte ISR-Missionen (*intelligence, surveillance, reconnaissance*) ein, um ein besseres Lagebild und mehr Informationen über die andere Konfliktpartei zu haben (Irvin 2003, 5). Erste Ansätze, bewaffnete Drohnen in bewaffneten Konflikten zum Einsatz zu bringen, gab es seitens der USA bereits in den 90er Jahren (Blom 2020, 88 f.), doch erst als die USA ab dem Jahr 2011 Drohnen in großem Stil und vor allem vor den Augen der Weltöffentlichkeit in Afghanistan, im Irak, in Pakistan und im Yemen einsetzten, flammte eine Debatte über die rechtliche Zulässigkeit und die entsprechenden Grenzen des bewaffneten Drohneneinsatzes auf. Völkerrechtlich waren (und sind) diese Drohneneinsätze deshalb problematisch, weil sie größtenteils im Rahmen sogenannter nicht-internationaler bewaffneter Konflikte oder gar völlig außerhalb des territorialen Anwendungsbereiches eines bewaffneten Konflikts stattgefunden haben bzw. noch immer in solchen Konflikten eingesetzt werden.

Ein Beispiel soll dies illustrieren: Nach den Terroranschlägen des 11. Septembers 2001 führten die USA ab dem 6. Oktober 2001 einen internationalen bewaffneten Konflikt gegen Afghanistan unter Inanspruchnahme ihres Rechts auf Selbstverteidigung nach Maßgabe des Artikels 51 der UN-Charta (Bellal et al. 2011, 51). Die Neutralisierung legitimer militärischer Ziele und damit einhergehend auch die Tötung feindlicher Kombattanten stand somit grundsätzlich im Einklang mit dem Völkerrecht (Henderson 2009, 41–55). Doch die USA weiteten ihre „Selbstverteidigungshandlungen" deutlich aus und erstreckten diese nicht nur auf das damals regierende Taliban-Regime, sondern auch auf Al-Qaida, jene Terrororganisation, welche für die Anschläge des 11. Septembers 2001 zu Recht verantwortlich gemacht wurde. Bis heute besteht in der Literatur Uneinigkeit darüber, ob der Konflikt zwischen den USA auf der einen Seite und den nicht-staatlichen Akteuren der Al-Qaida-Kämpfer auf der anderen Seite als nicht-internationaler bewaffneter Konflikt einzustufen ist (Bellal et al. 2011, 52). Die Unterscheidung ist von enormer Bedeutung, denn Kombattanten gibt es nur im internationalen bewaffneten Konflikt. Nach den geltenden Regeln des Völkerrechts können diese zu jeder Zeit, und zwar auch dann, wenn sie nicht unmittelbar an Feindseligkeiten teilnehmen, neutralisiert werden. Im nicht-internationalen bewaffneten Konflikt gibt es hingegen keinen Kombattantenstatus. Nicht-staatliche Akteure dürfen grundsätzlich nur angegriffen werden, wenn sie unmittelbar an Kampfhandlungen teilnehmen, zumindest solange sie noch nicht eine sogenannte „continous combat function" haben (Sivakumaran 2012, 336). Auch Zivilisten dürfen in bewaffneten Konflikten grundsätzlich nicht Ziel von Angriffshandlungen sein, es sei denn, sie nehmen unmittelbar an Kampfhandlungen teil. Dann dürfen sie für die Dauer der Teilnahme angegriffen werden. Die USA hegten an dieser Unterscheidung angesichts der Anschläge des 11. Septembers 2001 harsche Kritik. Nach Ansicht der USA sei es unvorstellbar und auch rechtlich nicht haltbar, Al-Qaida-Kämpfer nur für die Dauer der unmittelbaren Teilnahme an Feindseligkeiten angreifen zu dürfen, während diese keinerlei Interesse an der Einhaltung humanitär-völkerrechtlicher Normen zeigten und im Grunde den USA die Existenzberechtigung entzogen haben. Aufgrund dieser Überlegungen, aber auch aufgrund des wachsenden innenpolitischen Drucks, unternahmen die USA eine Vielzahl an Drohneneinsätzen, im Rahmen derer Al-Qaida-Mitglieder, aber auch zahlreiche Zivilisten getötet wurden (Amnesty International 2018). Ob die angegriffene Person unmittelbar an Kampfhandlungen teilnahm, war weniger oder gar nicht relevant. Die USA rechtfertigten ihr Verhalten mit dem selbsterklärten „Global War on Terror" (DoS 2001), wonach die USA das Recht hätten, Al-Qaida-Kämpfer zu jeder Zeit und unter allen Umständen zum Ziel von Kampfhandlungen zu machen. Dieses Recht erstreckte sich nach Ansicht der USA auch auf Kämpfer, die sich außerhalb des eigentlichen Konfliktlandes befanden (siehe dazu ausführlicher Melzer 2008). Die von den USA vorgetragene Sichtweise stieß auf starken Widerstandt innerhalb der Staatengemeinschaft und deckte sich auch nicht mit der herrschenden völkerrechtlichen Lehrmeinung (Milanovic 2007, 375). Drohnen wurden in erster Linie eingesetzt, um möglichst schnell und effizient Al-Qaida Kämpfer nahezu überall auf der Welt neutralisieren zu können, und zwar unabhängig davon, ob sie unmittelbar an Feindseligkeiten teilnahmen. Zahlreiche Zivilisten fielen den Drohneneinsätzen ebenso zum Opfer, entweder weil sie unmittelbares Angriffsziel waren oder weil deren Tötung als notwendiger Kollateralschaden eingestuft wurde, der geringer sei als der militärische Vorteil, der durch die jeweils in Rede stehende militärische Operation erzielt werden konnte (Singh 2013). Es wundert daher nicht, dass der bewaffnete Drohneneinsatz in Verruf geriet und von einigen Staaten strikt abgelehnt wurde.

Paradigmenwechsel durch den russischen Angriffskrieg: Drohnen als zentraler Bestandteil im Gefechtsfeld?

Die *Zeitenwende* hat in Bezug auf den Einsatz bewaffneter Drohnen jedenfalls zu einem Paradigmenwechsel geführt. Während noch vor wenigen Jahren in den Medien der Einsatz von Drohnen massiv kritisiert worden ist, nicht zuletzt aufgrund der rigorosen Drohneneinsätze gegen potenzielle „Terroristen" (Bowcott 2013), häuften sich nach dem russischen Einmarsch in der Ukraine Meldungen über den gelungenen Einsatz von Drohnen durch die ukrainischen, aber auch durch die russischen Streitkräfte. In sozialen Netzwerken konnte man vor allem Videos sehen, die den erfolgreichen Drohneneinsatz durch das ukrainische Militär und die Zurückdrängung der russischen Streitkräfte belegen sollten. Anfangs wurde noch von mancher Seite kritisiert, dass dies Teil der ukrainischen Kriegspropaganda sei, doch mittlerweile gibt es zahlreiche wissenschaftlich fundierte Arbeiten, die den erfolgreichen Einsatz bewaffneter Drohnen durch ukrainische Streitkräfte, aber auch durch ukrainische Zivilisten belegen (Kallenborn 2022; Beaubien 2022). Doch auch Russland bringt Drohnen zum Einsatz und konnte mit ihnen schon einige militärische Erfolge erzielen. In der Ukraine kommen vor allem leichte und vergleichsweise günstige Drohnen vom Typ Bayraktar-TB2 zum Einsatz. Offiziellen Berichten zufolge hat die Biden-Administration auch angekündigt, der Ukraine Drohnen vom Typ Gray Eagle MQ 1-C, ein Nachfolgemodell der bekannten und oft in Afghanistan zum Einsatz gekommenen Reaper-Drone, zur Verfügung zu stellen. Noch fehlt aber die Zustimmung des Kongresses (Hambling 2022). Zusätzlich kommt es zum vermehrten Einsatz kommerzieller Drohnen vom Typ DJI Mavic 3, entweder zu Aufklärungszwecken oder zur Durchführung militärischer Angriffe (BBC 2022). Russland verwendete ursprünglich in erster Linie Aufklärungsdrohnen mit dem Namen Orlan-10, welche aber Berichten zufolge auch schon zur Durchführung von Kampfhandlungen herangezogen wurden (Bullen 2022), und setzte dann im weiteren Verlauf des Kriegs vermehrt Shahed Drohnen iranischen Ursprungs ein, insbesondere zum Angriff auf zivile Ziele in der Ukraine.

Der von Russland gegen die Ukraine geführte Krieg ist keineswegs mit dem US-amerikanischen „Global War on Terror" vergleichbar. Im ersten Fall handelt es sich (noch) um einen territorial begrenzten internationalen bewaffneten Konflikt, dessen Beteiligte in erster Linie aus staatlichen Streitkräften bestehen, wenngleich auch eine große Zahl an ukrainischen Zivilisten und Zivilistinnen freiwillig zu den Waffen gegriffen und somit zum Teil unmittelbar an Kampfhandlungen teilgenommen hat. Auch Russland setzt nicht nur offizielle Streitkräfte, sondern auch private Militärs ein (Crawford

2022). Nichtsdestotrotz gehört die Mehrheit der Soldaten zu den regulären Streitkräften der beiden Konfliktparteien. Die im Verhältnis zum „Global War on Terror" anders einzustufende Konfliktkategorie bzw. der Einsatz von in erster Linie regulären Streitkräften sowie die sich daraus ergebenden rechtlichen Möglichkeiten mögen mitunter ein Grund gewesen sein, weshalb der Einsatz von Drohnen vor allem durch die ukrainischen Streitkräfte nicht kritisiert, sondern im Gegenteil vielmehr der weite Einsatz von Bayraktar-Drohnen als Gamechanger im Kampf gegen die russischen Streitkräfte bezeichnet worden ist (Sutton 2022).

Implikationen rezenter Entwicklungen auf den innerpolitischen Diskurs Deutschlands

Dies sowie der russische Angriffskrieg gegen die Ukraine im Allgemeinen waren ein Mitgrund, dass die endgültige Zustimmung zur Bewaffnung deutscher Drohnen sowohl auf Ebene des Verteidigungsausschusses als auch des Haushaltsausschusses relativ rasch und verhältnismäßig reibungsfrei verlaufen ist (BMVg 2022). Denn gerade die russische Invasion habe

> „die sicherheitspolitische Lage in Europa grundlegend geändert und die Dringlichkeit der Vollausstattung der Bundeswehr noch einmal verstärkt. Dazu gehört auch, militärische Angriffe abzuwehren und die Soldatinnen und Soldaten sowie Partner im Einsatz und in einsatzgleichen Verpflichtungen bestmöglich schützen zu können" (BMVg 2022).

Bei der Bewaffnung der Heron TP wird es aber nicht bleiben bzw. in naher Zukunft sind weitere Diskussionen zu erwarten. Die künftigen Entwicklungen lassen sich in drei Kategorien unterteilen.

Erstens findet die Verwendung von Drohnen im Gefechtsfeld vor allem innerhalb der NATO-Staaten immer mehr Akzeptanz bzw. immer mehr Staaten erkennen den militärischen Nutzen von Drohnen an und wollen dementsprechend in diese Technologie investieren (Odessa Journal 2022). Beispielsweise hat Polen angesichts des Drohneneinsatzes durch die ukrainischen Streitkräfte den Warsaw Drone Summit einberufen (warsawdronesummit.com), in dessen Rahmen künftige, gemeinsame Verteidigungsprojekte und vor allem die Anschaffung weiterer Drohnen diskutiert wurden. Ein Ergebnis dieses Treffens ist, dass es fortan ein sogenanntes „Valley of Drones" in Polen geben soll, einem Zentrum zur Erforschung militärischer Drohnentechnologie. Seit Beginn des russischen Angriffskrieges gegen die Ukraine hat sich Polen als proaktiver und auch proeuropäischer Partner verhalten. Durch Polens frühzeitige Bereitschaft, auch schwere Waffen an die Ukraine zu liefern, hat es vor allem Deutschland massiv unter Druck gesetzt (Von der Burchard 2022; Euronews 2022). Selbiges scheint sich auch in Bezug auf Drohnen abzuzeichnen. Es bleibt fraglich, ob sich Deutschland in Bezug auf das Vorhaben Polens, ein regionales Forschungszentrum zu Drohnen zu errichten, aktiv einbringen oder sich eher zurückhaltend verhalten wird. Momentan ist dies auch nur schwer einschätzbar, da sich Deutschland bislang mit seinen konkreten Plänen zu Neuanschaffungen für den Verteidigungsetat bis auf wenige Ausnahmen zurückhaltend verhält und dafür auch schon mehrfach kritisiert worden ist (Fichtner 2022).

Der zweite Aspekt, der hinsichtlich der *Zeitenwende* und deutscher Drohnenpolitik von Relevanz ist, ist das gehäufte Verwenden sogenannter *loitering munition*, beispielsweise durch die USA und das Vereinigte Königreich. Vor allem die USA haben neben „klassischen" Drohnen wie der Puma (Malyasov 2022) oder der erst seit relativ Kurzem im Einsatz stehenden Phoenix Ghost (Hadley 2022) auch „Kamikaze-Drohnen" des Typs Switchblade 300 und 600 in großen Mengen der Ukraine zur Verfügung gestellt (Hambling

2022; Macias 2022). Bei *loitering munition* handelt es sich um unbemannte Luftfahrzeuge, die nach Maßgabe vorprogrammierter Parameter eine Zeit in der Luft verbringen, ehe sie ein militärisches Ziel, meist auf Basis einer entsprechenden Radarsignatur, entsprechend identifizieren und angreifen, indem sie sich als Kamikaze-Drohne auf das militärische Objekt stürzen und sich somit auch selbst zerstören (Amoroso 2020, 18–21). Nach Informationen des Herstellers behält der menschliche Operateur noch ausreichend Kontrolle über die Switchblade 300 bzw. 600. Auf einem Bildschirm seien nach offiziellen Angaben Flugroute, feindliches militärisches Objekt und Einsatzumfeld in Echtzeit (mit kleinen Verzögerungen) nachzuverfolgen (AeroVironment 2022). Dennoch hat der Einsatz sogenannter *loitering munition* schon zu einigen Diskussionen geführt. Denn die meisten Kamikaze-Drohnen können, zumindest theoretisch, auch ohne menschliche Echtzeitüberwachung zum Einsatz gelangen (Amoroso 2022, 20 f.). Dies ist vor allem in jenen Fällen von Bedeutung, in denen Kamikaze Drohnen keine militärischen Objekte, sondern feindliche Kombattanten angreifen. Laut einem UN-Bericht aus dem Jahr 2021 ist dies bereits geschehen: Die Türkei habe *loitering munition* vom Typ STM Kargu-2 gegen Menschen in Libyen zum Einsatz gebracht (Choudhury et al. 2021). Bislang beteuert diese allerdings, dass menschliche Entscheidungsträger den Einsatz überwacht und letztlich die Entscheidung zum Angriff getroffen hätten (Ahval News 2022). In der Praxis ist schwer nachweisbar, in welchem Modus eine Kamikaze-Drohne zum Einsatz gekommen ist. Auch Russland verfügt über Kamikaze-Drohnen und hat diese in der Ukraine bereits zum Einsatz gebracht, wie beispielsweise die Kubbla des Herstellers Kalashnikov (Army Technology 2022).

Drittens besitzen immer mehr Staaten Drohnen oder verkaufen diese an Krieg führende Staaten. So hat beispielsweise der Iran sein Drohnenprogramm massiv aufgestockt und liefert nun Drohnen an Russland (Iddon 2022). Deutschland muss sich zwangsläufig darauf einstellen, dass es entweder selbst eines Tages mit Drohnen militärisch angegriffen wird oder ein anderes Land wird entsprechend unterstützen müssen. Das bedeutet, dass Deutschland sich nicht nur über die Frage nach der Anschaffung weiterer, bewaffneter Drohnen oder gar *loitering munition* wird Gedanken machen müssen. Es wird auch Technologie benötigen, mit welcher man feindliche Drohnenangriffe abwehren oder diese ganz oder teilweise zerstören kann. Auf der diesjährigen Luft- und Raumfahrtausstellung Berlin (ILA 2022) hat die deutsche Industrie beispielsweise ihr neuestes Anti-Drohnensystem „Skygarden" vorgestellt (Dubois 2022).

Für Deutschland bedeutet die *Zeitenwende* im Hinblick auf Drohnen zum einen, dass seit dem russischen Angriffskrieg in der Ukraine ein Paradigmenwechsel stattgefunden hat, wonach Drohnen nunmehr als integraler Bestandteil des Gefechtsfelds eingestuft werden, wohingegen die Kritik an Drohneneinsätzen – nicht immer zu Recht – schwindet. Abhängig vom jeweiligen Einsatzgebiet und der jeweiligen Konfliktkategorie aus der Sicht des humanitären Völkerrechts bleiben viele Bedenken hinsichtlich des Drohneneinsatzes im bewaffneten Konflikt bestehen. Zum anderen bedeutet die *Zeitenwende* aber auch, dass Deutschland, will es seine Verteidigungsfähigkeiten verbessern und gegenüber seinen Bündnispartnern seine Verlässlichkeit unter Beweis stellen, sich offen gegenüber neuen Technologien unter gleichzeitiger Einhaltung völker- und verfassungsrechtlicher Vorgaben zeigen muss. Noch gibt es kaum klare Hinweise, dass sich die Regierung für die Anschaffung weiterer Drohnen ausgesprochen hat oder zumindest eine inhaltliche Diskussion über die Sinnhaftigkeit und Notwendigkeit der Anschaffung und des Einsatzes sogenannter *loitering munition* führt. Es darf bezweifelt werden, dass in naher Zukunft diesbezüglich Kerben eingeschlagen werden. Zu langsam gingen die Waffenlieferungen von sich, zu behäbig gestaltete sich die Diskussion, welche Schritte und welche Mechanismen konkret der angekündigten *Zeitenwende* folgen werden. Manch einer befürchtet, dass alles beim Alten bleiben wird. Positiv hervorzuheben sind allerdings die auf der ILA

2022 vorgestellten neuesten Drohnenabwehrsysteme. Deren Konzeptionierung bzw. Herstellung reicht aber schon einige Jahre zurück und dürfte relativ wenig mit der eigentlichen *Zeitenwende* zu tun haben.

Autonome Waffensysteme: Von der Ächtung der „Killerroboter" bis hin zum sinnvollen Einsatz künstlicher Intelligenz im militärischen Kontext

Die *Zeitenwende* hat nicht nur Implikationen für die Fragen der Bewaffnung sowie der potenziellen Anschaffung weiterer Drohnen. Ein weiterer Diskussionspunkt sind autonome Waffensysteme (AWS). Bislang gibt es keine abschließende, rechtlich bindende Definition eines AWS. Hilfsweise wird auf den Definitionsvorschlag des Internationalen Komitee des Roten Kreuzes (IKRK) verwiesen, welches unter einem AWS ein Waffensystem versteht, das sowohl die Identifizierung des in Frage kommenden militärischen Ziels als auch die Entscheidung zum Angriff ohne menschliche Intervention vornimmt (IKRK 2016; IKRK 2021; DoD 2012). Insoweit unterscheidet sich auch ein AWS von einer klassischen Drohne, bei der sich der Mensch vorbehält, die Zielauswahl und die Entscheidung zum Angriff selbst vorzunehmen. Die Maschine kann dem menschlichen Operateur aber wertvolle Hinweise liefern und ist letztlich technische Voraussetzung für die Durchführung des Angriffs. Die Grenzen zwischen einer Drohne und einem AWS sind fließend und lassen sich nicht immer klar ziehen, wie man am Beispiel der Kamikaze-Drohnen erkennen kann. Sobald die Kamikaze-Drohne ohne menschlichen Operateur und dessen Display sowohl die Zielauswahl als auch die Entscheidung zum Angriff vornehmen kann, handelt es sich nach der Meinung zahlreicher Wissenschaftlerinnen und Wissenschaftler eigentlich bereits um ein AWS und nicht mehr um eine Drohne im klassischen Sinn (Arendt 2016, 30). Gerade die USA nehmen diesbezüglich eine andere Haltung ein und verweisen darauf, dass es sich im Falle der *loitering munition* nicht um ein AWS im engeren Sinne handelt, da den vom Menschen vorgegebenen Parametern große Bedeutung zukommt (DoD 2021, 14; Kahn 2022).

Die UN-GGE zu AWS

Die Diskussion um die Unterscheidung zwischen Drohnen im engeren Sinn und AWS ist bis heute nicht abgeschlossen und beschäftigt Wissenschaft und Praxis gleichermaßen. Seit 2014 werden auf UN-Ebene Verhandlungen geführt, um sich auf ein regulatives Rahmenwerk zu AWS zu einigen. In den vergangenen Jahren hat sich im hierfür zuständigen Gremium, der UN-Governmental Group of Experts (UN-GGE), die wiederum in das regulative Rahmenwerk der Konvention über bestimmte konventionelle Waffen (engl. CCW) eingebettet ist (UNODA 2022), ein breiter Konsens gebildet, dass es notwendig ist, über AWS ausreichend menschliche Kontrolle auszuüben, damit diese Waffensysteme im Einklang mit rechtlichen, ethischen und auch sicherheitspolitischen Vorgaben eingesetzt werden können (Roff/Moyes 2022). Im Endeffekt lassen sich in der UN-GGE zwei große Lager ausmachen. Zum einen gibt es eine Gruppe von Staaten (darunter die USA, Australien, Südkorea, Israel, Japan, aber auch Russland), die entweder keine oder lediglich eine rechtlich unverbindliche Regelung zu AWS wollen. Das sind jene Staaten, welche die positiven Aspekte von Autonomie in Waffensystemen betonen. Zum anderen gibt es eine Staatengruppe, die sich vehement für die Verabschiedung eines rechtlich verbindlichen Vertrags einsetzt (darunter die Philippinen, Argentinien, Chile, Mexiko, Brasilien, Österreich und die Schweiz). Diese Staatengruppe betont vor allem die Gefahren, die mit dem Einsatz von AWS einhergehen, insbesondere im Hinblick auf die Zivilbevölkerung (Dahlmann et al. 2021, 2). In der UN-GGE herrscht Konsensprinzip, und bislang war es nicht möglich, dass sich die Staaten auch nur auf einen Minimalkonsens einigen. Deutschland hat seit jeher eher eine Vermittlerrolle zwischen diesen beiden Blöcken eingenommen, wenngleich es stets die Notwendigkeit der Aufrechterhaltung menschlicher Kontrolle betont hat (Dahlmann et al. 2021, 8).

Der russische Angriffskrieg in der Ukraine hat der Diskussion um AWS eine neue Dimension verliehen. Gerade NATO-Staaten wie Deutschland, Frankreich, Spanien, die Niederlande und Norwegen sind deutlich enger aneinander gerückt – politisch, aber vor allem militärisch. Dabei wird die NATO-Haltung zu AWS entscheidend von den USA und deren politischer Agenda – gegen eine rechtlich verbindliche internationale Regelung und für die Anerkennung des militärische Nutzens von künstlicher Intelligenz – geprägt. So reflektiert die im Oktober 2021 verabschiedete NATO-Strategie zur Künstlichen Intelligenz (KI) ganz eindeutig die US-amerikanische Sichtweise, wonach KI in einem Ordnungsrahmen eingebettet, aber keinesfalls durch regulativ-prohibitorische Maßnahmen erstickt werden sollte (NATO 2021). Deutschland ist somit mit der Aufgabe konfrontiert, seiner Rolle als NATO-Mitglied und seinen eigenen politischen Bestrebungen im Rahmen der UN-GGE nachzukommen. Hinzu kommt, dass sich die transatlantischen Beziehungen seit dem Amtsantritt des US-amerikanischen Präsidenten Joe Biden massiv verbessert haben und durch den russischen Angriffskrieg noch einmal verstärkt bzw. verfestigt wurden. Die *Zeitenwende* hat daher zur Folge, dass – zumindest auf der militärischen Ebene – NATO-Staaten wieder enger aneinandergerückt sind. Dies hat auch in Bezug auf AWS zur Folge, dass im Rahmen der UN-GGE keine politischen Alleingänge, sondern vielmehr ein koordiniertes Vorgehen zu erwarten ist.

Die letzte UN-GGE hat vom 24. bis zum 29. Juli 2022 stattgefunden (United Nations Meetings Place 2022). Deutschland hat gemeinsam mit Finnland, Frankreich, Spanien, Norwegen und Schweden ein Arbeitspapier verabschiedet, welches ein regulatives Rahmenwerk für AWS empfiehlt, ohne die Vorteile von KI im militärischen Kontext zu negieren. Bewältigt werden soll dieser Spagat offensichtlich durch den sogenannten *two-tier approach*. Demnach soll künftig zwischen vollautonomen Waffensystemen, die nicht durch den Menschen kontrolliert werden können, und teilautonomen Waffensystemen, bei deren Einsatz die Aufrechterhaltung menschlicher Kontrolle möglich (und gleichzeitig Grundvoraussetzung) ist, unterschieden werden (Arbeitspapier 2022). Durch diese Zweiteilung wird einerseits dem Anspruch jener Staaten Rechnung getragen, die sich für eine Ächtung von AWS aussprechen. Gleichzeitig wird so auch anerkannt, dass es Waffensysteme geben kann, die unter Einhaltung noch näher zu definierender Prinzipien im Einklang mit rechtlichen, ethischen und sicherheitspolitischen Normen eingesetzt werden können. Es ist wichtig zu betonen, dass der *two-tier approach* nicht erst seit der russischen Invasion in der Ukraine im Raum steht. Bereits 2021 hat Frankreich diese Unterscheidung in seiner nationalen Positionierung zu AWS (AI Regulation 2021) vorgenommen und gemeinsam mit Deutschland hat es Ende 2021 diesen Ansatz in der UN-GGE vorgestellt (Arbeitspapier 2021). Doch es scheint, dass der *two-tier approach* nun deutlich mehr Anklang innerhalb der UN-GGE, allen voran bei den NATO-Staaten findet. Diese Dynamik ist mit Sicherheit auch auf die durch Russland verursachte *Zeitenwende* zurückzuführen.

Die von Olaf Scholz verkündete *Zeitenwende* reflektiert die noch stärkere Annäherung der NATO-Staaten untereinander und deutet damit einhergehend auch an, dass potenzielle Interessensgegensätze wie im Bereich der AWS miteinander abgestimmt werden müssen. Die Rede vom 27. Februar 2022 zeigt auch insgesamt mehr Offenheit gegenüber der Anschaffung neuer Technologien, wenngleich bis dato nicht feststeht, ob und wenn ja in welche Technologien künftig vermehrt investiert werden soll. Die generelle Bereitschaft, in neue Technologien zu investieren, steht auch in keinem Widerspruch zu dem im Koalitionsvertrag gemachten Versprechen, AWS, die vollständig der Verfügungsgewalt des Menschen entzogen sind, zu ächten (SPD/Grüne/FDP 2021, 115). Denn eine Ächtung von AWS bedeutet nicht, den zumindest in Teilbereichen gegebenen militärischen Nutzen von KI bzw. neuen Technologien zu verneinen. Im Gegenteil: Der *two-tier approach* zeigt, dass eine Kombination aus beiden Elementen möglich ist und zudem geboten scheint. Nichtsdestotrotz darf nicht vergessen werden, dass die UN-GGE zu AWS ein seit einigen Jahren ins Stocken geratener Prozess ist. Der russische Angriffskrieg gegen die Ukraine hat diesen Umstand noch einmal deutlich verschlechtert. Staatenvertreterinnen und -vertreter sprechen hinter vorgehaltener Hand von einem Scheitern der Genfer Verhandlungen zu AWS (Hoffberger-Pippan et al. 2022, 1). So sehr der von Deutschland unterstützte *two-tier approch* die in der UN-GGE entstandenen Gräben zum Teil wieder zuschütten mag, muss man doch feststellen, dass dieser Prozess realistisch betrachtet nur wenig Aussicht auf Erfolg hat. Zudem ist zu beachten, dass es mit dem *two-tier approach* allein nicht getan ist. Eine der Kernfragen im Rahmen der UN-GGE ist, wie das Konzept der menschlichen Kontrolle implementiert bzw. operationalisiert werden soll (Dahlmann et al. 2021). Bis heute gibt es hierzu keine einheitliche Meinung innerhalb der Staatengemeinschaft, obwohl zivilgesellschaftliche Vertretungsorganisationen seit Jahren versuchen, durch das Einbringen eigener Vorschläge zur Lösung dieses Problems beizutragen.

Auswirkungen auf das Future Combat Air System (FCAS)

In Olaf Scholz' Rede zur *Zeitenwende* kamen auch bestehende Rüstungsprojekte zur Sprache, wenngleich nur in Grundzügen. Das wohl wichtigste Rüstungsprojekt im Bereich neuer Technologien ist das Future Combat Air System (FCAS), ein Wirkverbund verschiedenster (Luft-)Einheiten, dessen zentralen, innovativen Bestandteil – neben bereits existierenden Plattformen wie Tiger-Kampfhubschraubern – das Next Generation Weapon System (NGWS) bildet. Das NGWS besteht zum einen aus einem neuen Kampfflugzeug, dem Next Generation Fighter (NGF), und zum anderen aus kleineren Wirkeinheiten (Remote Carrier), die bis zu einem gewissen Grad unabhängig agieren können (Vogel 2020, 1). Sämtliche Wirkeinheiten sind durch ein zentrales Datenaustauschsystem, die Air Combat Cloud (ACC), verbunden. Das Projekt ist eine deutsch-französisch-spanische Kooperation und galt bislang als Vorzeigemodell neuer Technologien innerhalb Europas. Die *Zeitenwende* signalisiert Deutschlands Bereitschaft, an diesem Projekt festzuhalten und weiterhin dessen Finanzierung zu garantieren. Doch mit einer bloßen Ankündigung ist es längst nicht getan. Denn hinsichtlich des Projekts lassen sich zumindest zwei wesentliche Herausforderungen ausmachen, die auch Deutschland – insbesondere im Hinblick auf die von Olaf Scholz verkündete *Zeitenwende* – beeinflussen kann. Zum einen haben die Parlamentswahlen in Frankreich dazu geführt, dass die Partei des französischen Staatspräsidenten Emanuel Macron ihre Mehrheit zugunsten des rechten Flügels, der dem FCAS Projekt skeptisch gegenüber steht, verloren hat (König 2022). Soll die *Zeitenwende* Erfolg haben, liegt es auch an Berlin, entsprechenden diplomatischen Druck aufzubauen, um die rechten Parteien von dem Großprojekt zu überzeugen. Zum anderen bestehen nach wie vor Streitigkeiten zwischen dem französischen Unternehmen Dassault und dem Unternehmen Airbus, wer die Projektleitung hinsichtlich des NGF innehaben wird (Machi 2022). Mit der Projektleitung sind nicht nur finanzielle Vorteile verbunden. Eine leitende Funktion hinsichtlich des NGF bzw. des NGWS im Allgemeinen würde den Ruf des entsprechenden Unternehmens nachhaltig verbessern. Deutschland muss – will es der angekündigten *Zeitenwende* Taten folgen lassen – auch auf diesen Problembereich Einfluss nehmen und entsprechend Druck ausüben, damit fortbestehende Konfliktlinien das Projekt nicht weiter torpedieren.

Fazit

Die *Zeitenwende* hat zweifelsfrei die Frage aufgeworfen, wie sich die deutsche Außen- und Sicherheitspolitik in Zukunft gestalten wird. Während man anfangs noch davon ausgegangen war, dass die *Zeitenwende* ein unabhängiger, in erster Linie von intrinsischen Faktoren initiierter Prozess sei, ist mittlerweile offensichtlich, dass die von Bundeskanzler Olaf Scholz am 27. Februar 2022 gehaltene Rede in erster Linie auf den deutschen Anpassungs- bzw. Handlungsbedarf im Hinblick auf den russischen Angriffskrieg in der Ukraine gerichtet war. Insoweit ist die *Zeitenwende* eher als reaktiver und weniger als proaktiver Prozess zu verstehen. Dies hat freilich Auswirkungen auf den Bereich der neuen Technologien. Hinsichtlich der Diskussion zu den Drohnen lässt sich feststellen, dass Deutschland sich, im Verhältnis zu seinen Bündnispartnern, vergleichsweise spät für die Bewaffnung von Drohnen ausgesprochen hat. Zwar mag der russische Angriffskrieg den Prozess auf Ebene des Verteidigungs- sowie Haushaltsausschusses noch einmal beschleunigt haben. Doch während man sich in Deutschland über die Bewaffnung der relativ schweren Heron TP sprichwörtlich den Kopf zerbrach, verfügen andere Länder bereits seit Längerem über Drohnen und auch *loitering munition*, die auch an die Ukraine geliefert worden sind. Insoweit muss kritisch hinterfragt werden, ob die *Zeitenwende* tatsächlich im Stande ist, Deutschlands Verteidigungsfähigkeit – insbesondere im Hinblick auf die Erwartungen der Bündnispartner – zu erhöhen. Gleichzeitig kann Deutschlands Zurückhaltung auch positiv bewertet werden. Gerade der Krieg Russlands gegen die Ukraine hat einen Diskurs- und gleichzeitig auch einen Paradigmenwechsel zur Folge, der mit einer zunehmenden Akzeptanz von Drohnen im Gefechtsfeld einhergeht. Wenngleich der Einsatz von Drohnen – vor allem im internationalen bewaffneten Konflikt – militärische Vorteile haben kann, bleiben einige rechtliche wie ethische Fragen bestehen.

Ähnliche Beobachtungen lassen sich auch im Bereich der AWS machen. Deutschland hat zum einen im Koalitionsvertrag die Ächtung solcher AWS betont, die vollständig der Verfügungsgewalt des Menschen entzogen sind. Gleichzeitig beteuerte der Bundeskanzler in seiner Rede zur *Zeitenwende* die Bereitschaft der Bundesregierung, mehr in die Verteidigungsfähigkeit Deutschlands – sowohl im defensiven als auch im offensiven Bereich – zu investieren. Dies kann auch Waffensysteme mit autonomen Funktionen betreffen. Dabei stehen diese beiden Komponenten – die Ächtung von AWS auf der einen und die Bereitschaft, mehr in Verteidigungsausgaben zu investieren, auf der anderen Seite – in keinem Zielkonflikt. Wie die deutsche Stellungnahme in der diesjährigen UN-GGE betont, kann zwischen AWS, die keinesfalls in Einklang mit rechtlichen, ethischen und sicherheitspolitischen Anforderungen eingesetzt werden können, und solchen, die zumindest einer entsprechenden Regulierung bedürfen, ehe sie zum Einsatz kommen, unterschieden werden. Dieser sogenannte *two-tier approach* geht ursprünglich auf Frankreich zurück und scheint vor allem innerhalb der NATO-Staaten vermehrt Anklang zu finden. Die Gretchenfrage – nämlich die Operationalisierung menschlicher Kontrolle über AWS – bleibt indes ungelöst, da sich die Staaten bislang nicht auf einen entsprechenden (Minimal-)Konsens einigen konnten.

Die *Zeitenwende* mag daher im Bereich der neuen Technologien neuen Anschub verleihen, die meisten Entwicklungen sowohl im Bereich der Drohnen als auch der AWS sind allerdings auf Prozesse zurückzuführen, die weit vor der russischen Invasion in der Ukraine in Gang gesetzt wurden. Nun wäre es wichtig, dass der Ankündigung des Bundeskanzlers auch im Bereich der neuen Technologien entsprechend konkrete Taten folgen. Gerade das FCAS, welches bereits 2040 einsatzbereit sein soll (ein Zeitrahmen, der wohl kaum einzuhalten sein wird), zeigt, dass die Zeit mehr als drängt. Bei einer reinen Ankündigung darf es daher nicht bleiben. Deutschland muss vor allem im Bereich der neuen Technologien konkrete Handlungsschritte setzen und Zielvorgaben formulieren, auf die sich auch die Bündnispartner entsprechend verlassen können.

Literatur

AeroVironment (2022): Switchblade 300, https://www.avinc.com/tms/switchblade [Zugriff: 01.08.2022].

Ahval News (2021): Turkish defence company denies drone attack on soldiers in Libya, in: Ahval News, 20.06.2021, https://ahvalnews.com/turkish-drone/turkish-defence-company-denies-drone-attack-soldiers-libya [Zugriff: 01.08.2022].

AI Regulation (2021): French Defense Ethics Committee's Opinion: Need for a Clear Distinction between LAWS and PALWS, in: AI Regulation, 12.05.2022, https://ai-regulation.com/french-defense-ethics-committees-opinion-about-laws-and-pawls [Zugriff: 01.08.2022].

Amnesty International (2018): Deadly Assistance: The Role of European States in US Drone Strikes, https://www.amnesty.org/en/documents/act30/8151/2018/en [Zugriff: 01.08.2022].

Amoroso, Daniele (2020): Autonomous Weapon Systems and International Law: A Study on Human-Machine Interactions in Ethically and Legally Sensitive Domains, Baden-Baden.

Arbeitspapier (2021): Franco-German Contribution. Outline for a Normative and Operational Framework on Emerging Technologies in the Area of LAWS. Arbeitspapier der französischen und deutschen ständigen Vertretung bei der Abrüstungskonferenz in Genf, https://documents.unoda.org/wp-content/uploads/2021/08/France-and-Germany.pdf [Zugriff: 01.08.2022].

Arbeitspapier (2022): Working Paper Submitted by Finland, France, Germany, the Netherlands, Norway, Spain, and Sweden to the 2022 Chair of the Group of Governmental Experts (GGE) on Emerging Technologies in the Area of Lethal Autonomous Weapons Systems (LAWS), https://documents.unoda.org/wp-content/uploads/2022/07/WP-LAWS_DE-ES-FI-FR-NL-NO-SE.pdf [Zugriff: 31.10.2022].

Arendt, Rieke (2016): Völkerrechtliche Probleme beim Einsatz autonomer Waffensysteme, Berlin.

Army Technology (2022): Zala KYB Strike Drone, Russia, in: Army Technology, 25.03.2022, https://www.army-technology.com/projects/zala-kyb-strike-drone-russia [Zugriff: 01.08.2022].

BBC (2022): Ukraine Conflict: How Are Drones Being Used?, in: BBC, 17.10.2022, https://www.bbc.com/news/world-62225830 [Zugriff: 01.08.2022].

Beaubien, Jason (2022): In the Russia-Ukraine War, Drones Are One of the Most Powerful Weapons, in: National Public Radio, 30.07.2022, https://www.npr.org/2022/07/30/1114024870/russia-ukraine-war-drones [Zugriff: 01.08.2022].

Bellal, Annyssa/Giacca, Gilles/Casey-Maslen, Stuart (2011): International Law and Armed Non-State Actors in Afghanistan, in: International Review of the Red Cross 93 (881), 47–79, online: https://www.corteidh.or.cr/tablas/r27089.pdf [Zugriff: 01.08.2022].

Blom, John David (2010): Unmanned Aerial Systems: A Historical Perspective, Fort Leavenworth, online: https://www.armyupress.army.mil/Portals/7/combat-studies-institute/csi-books/OP37.pdf [Zugriff: 01.08.2022].

Bowcott, Owen (2013): Drone Strikes by US May Violate International Law, Says UN, in: The Guardian, 18.10.2022, https://www.theguardian.com/world/2013/oct/18/drone-strikes-us-violate-law-un [Zugriff: 01.08.2022].

BMVg – Bundesministerium der Verteidigung (2022): Deutscher Bundestag ebnet den Weg für die Bewaffnung von Drohnen, https://www.bmvg.de/de/presse/deutscher-bundestag-ebnet-weg-bewaffnung-drohnen-5389634 [Zugriff: 01.08.2022].

Burt, Peter (2022): Loitering Munitions, the Ukraine War, and the Drift Towards ‚Killer Robots', in: Drone Wars, 08.06.2022, https://dronewars.net/2022/06/08/loitering-munitions-the-ukraine-war-and-the-drift-towards-killer-robots [Zugriff: 01.08.2022].

Choudhury, Majumdar Roy et al. (2021): Letter Dated 8 March 2021 From the Panel of Experts on Libya Established Pursuant to Resolution 1973 (2011) Addressed to the President of the Security Council, S/2021/229, https://digitallibrary.un.org/record/3905159?ln=en [Zugriff: 01.08.2022].

Crawford, Emily (2022): Armed Ukrainian Citizens: Direct Participation in Hostilities, Levée en Masse, or Something Else?, in: Blog of the European Journal of International Law, 01.03.2022, https://www.ejiltalk.org/armed-ukrainian-citizens-direct-participation-in-hostilities-levee-en-masse-or-something-else [Zugriff: 01.08.2022].

Dahlmann, Anja (2020): Heron TP – und dann? Implikationen einer Bewaffnung deutscher Drohnen, in: SWP-Aktuell 76 (September 2020), https://www.swp-berlin.org/publications/products/aktuell/2020A76_DeutscheDrohnen.pdf [Zugriff: 01.08.2022].

Dahlmann, Anja/Hoffberger-Pippan, Elisabeth/Wachs, Lydia (2021): Autonome Waffensysteme und menschliche Kontrolle: Konsens über das Konzept, Unklarheit über die Operationalisierung, SWP-Aktuell 31 (April 2021), https://doi.org/10.18449/2021A31 [Zugriff: 01.08.2022].

Deutscher Bundestag (2022): Bundestag beschließt das Sondervermögen für die Bundeswehr, https://www.bundestag.de/dokumente/textarchiv/2022/kw22-de-sondervermoegen-897614 [Zugriff: 01.08.2022].

DoD – US Department of Defence (2012): Directive 3000.09 on Autonomy in Weapon Systems, https://www.hsdl.org/?view&did=726163 [Zugriff: 01.08.2022].

DoS – US Department of State (2001): The Global War on Terrorism: The First 100 Days, https://2001-2009.state.gov/s/ct/rls/wh/6947.htm [Zugriff: 01.08.2022].

Dubois, Gaston (2022): ILA 2022: MBDA Deutschland presenta su nuevo sistema anti-dron Sky Warden, in: Aviacionline defensa, 23.06.2022, https://www.aviacionline.com/2022/06/ila-2022-mbda-deutschland-presenta-su-nuevo-sistema-anti-dron-sky-warden [Zugriff: 01.08.2022].

Euronews (2022): Send More Weapons to Ukraine, Poland's PM Urges NATO, in: Euronews, 15.06.2022, https://www.euronews.com/2022/06/15/send-more-weapons-to-ukraine-poland-s-pm-urges-nato [Zugriff: 01.08.2022].

FES – Friedrich Ebert Stiftung (2015): Neue digitale Militärtechnologien und autonome Waffensysteme: Die Zukunft der Kriegsführung, https://library.fes.de/pdf-files/id/ipa/11622.pdf [Zugriff: 01.08.2022].

Fichtner, Ullrich (2022): Drückeberger Deutschland: Das hohle Versprechen der Zeitenwende, in: Der Spiegel (online), 10.06.2022, https://www.spiegel.de/politik/deutschland/deutschland-und-der-ukraine-krieg-das-hohle-versprechen-von-der-zeitenwende-a-3e28aff3-c576-4197-bdae-4f28333885a2 [Zugriff: 01.08.2022].

Hadley, Greg (2022): Pentagon Reveals Secretive New Drone the Air Force is Giving to Ukraine: Phoenix Ghost, Airforce Magazine, in: Air & Space Forces Magazine, 21.04.2022, https://www.airforcemag.com/air-force-rapidly-developed-a-new-drone-for-ukraine-phoenix-ghost/ [Zugriff: 01.08.2022].

Hambling, David (2022): Drones To Ukraine Hangs In The Balance, in: Forbes, 21.06.2022, https://www.forbes.com/sites/davidhambling/2022/06/21/us-sale-of-heavy-attack-drones-to-ukraine-hangs-in-the-balance [Zugriff: 01.08.2022].

Henderson, Ian (2009): The Contemporary Law of Targeting, Leiden/Boston.

Hoffberger-Pippan, Elisabeth/Vohs, Vanessa/Köhler, Paula (2022): Das Scheitern der VN-Expertengespräche zu Autonomen Waffensystemen, in: SWP-Aktuell 36 (Juni 2022), https://www.swp-berlin.org/10.18449/2022A36 [Zugriff: 01.08.2022].

Huet, Natalie (2022): Switchblade drones: What are these US-made ‚kamikaze' weapons being sent to Ukraine?, in: Euronews, 16.05.2022, https://www.euronews.com/next/2022/05/16/switchblade-drones-what-are-these-kamikaze-weapons-and-how-can-they-help-ukraine [Zugriff:01.08.2022].

Iddon, Paul (2022): Here's How Russia Might Use Iranian Drones In Ukraine, in: Forbes, 29.07.2022, https://www.forbes.com/sites/pauliddon/2022/07/29/heres-how-russia-might-use-iranian-drones-in-ukraine/?sh=af3179270645 [Zugriff: 01.08.2022].

IKRK – Internationales Komitee des Roten Kreuzes (2016): Convention on Certain Conventional Weapons (CCW), Meeting of Experts on Lethal Autonomous Weapons Systems (LAWS), 11–15 April 2016, Geneva, Views of the International Committee of the Red Cross (ICRC) on Autonomous Weapon System, 11 April 2016.

IKRK – Internationales Komitee des Roten Kreuzes (2021): ICRC Position on Autonomous Weapon Systems, https://www.icrc.org/en/document/icrc-position-autonomous-weapon-systems [Zugriff: 01.08.2022].

Irvin, David W. (2003): History of Strategic Drone Operations, Paducah.

Ismar, Georg (2022): Ein Kanzler unter Druck – Scholz muss Klarheit bei Waffenlieferungen schaffen, in: Tagesspiegel, 01.06.2022, https://www.tagesspiegel.de/politik/was-wird-aus-der-zeitenwende-ein-kanzler-unter-druck-scholz-muss-klarheit-bei-waffenlieferungen-schaffen/28381496.html [Zugriff: 01.08.2022].

Kahn, Lauren (2022): A Refreshed Autonomous Weapons Policy Will Be Critical for U.S. Global Leadership Moving Forward, in: Council on Foreign Relations, 08.06.2022, https://www.cfr.org/blog/refreshed-autonomous-weapons-policy-will-be-critical-us-global-leadership-moving-forward [Zugriff: 01.08.2022].

Kallenborn, Zachary (2022): Seven (Initial) Drone Warfare Lessons from Ukraine, in: Modern War Institute at West Point, 12.05.2022, https://mwi.usma.edu/seven-initial-drone-warfare-lessons-from-ukraine [Zugriff: 01.08.2022].

SPD/Grüne/FDP (2021): Mehr Fortschritt wagen. Bündnis für Freiheit, Gerechtigkeit und Nachhaltigkeit. Koalitionsvertrag zwischen SPD, Bündnis 90/Die Grünen und FDP, https://www.bundesregierung.de/breg-de/service/gesetzesvorhaben/koalitionsvertrag-2021-1990800 [Zugriff: 13.12.2022].

König, Nicole (2022): The Zeitenwende: Germany's Reluctant Revolution, in: American Institute for Contemporary German Studies, 06.07.2022, https://www.aicgs.org/publication/the-zeitenwende-germanys-reluctant-revolution [Zugriff: 01.08.2022].

Machi, Vivienne (2022): Dassault Chief Confirms Fighter Prototype Delay Amid Workshare Dispute, in: DefenseNews, 21.07.2022, https://www.defensenews.com/global/europe/2022/07/21/dassault-chief-confirms-fighter-prototype-delay-amid-workshare-dispute [Zugriff: 01.08.2022].

Macias, Amanda (2022): U.S. Sends 100 Killer Drones Called Switchblades to Ukraine, in: CNBC, 30.03.2022, https://www.cnbc.com/2022/03/30/us-sends-100-killer-drones-called-switchblades-to-ukraine.html [Zugriff: 01.08.2022].

Major, Claudia/Mölling, Christian (2022): Sicherheitsordnung: Zusammen mit Russland, das geht nicht mehr, in: Die Zeit, 24.03.2022, https://www.zeit.de/politik/ausland/2022-03/russland-kooperative-sicherheitsordnung-krieg-ukraine-deutschland [Zugriff: 01.08.2022].

Malyasov, Dylan (2022): Ukraine Receives RQ-20 Unarmed Aerial Vehicles Donated by US, in: Defence Blog, 01.06.2022, https://defence-blog.com/ukraine-receives-rq-20-unarmed-aerial-vehicles-donated-by-us [Zugriff: 01.08.2022].

Melzer, Nils (2008): Targeted Killings and International Law, Oxford.

Milanovic, Marko (2007): Lessons for Human Rights and Humanitarian Law in the War on Terror Comparing Hamdan and the Israeli Targeted Killings Case, in: International Review of the Red Cross 89 (866), 373–393, online: https://www.corteidh.or.cr/tablas/a21908.pdf [Zugriff: 01.08.2022].

NATO (2021): Summary of the NATO Artificial Intelligence Strategy, https://www.nato.int/cps/en/natohq/official_texts_187617.htm [Zugriff: 01.08.2022].

Odessa Journal (2022): Poland will Create the „Valley of Drones" in Partnership with Ukraine and the USA, in: The Odessa Journal, 30.07.2022, https://odessa-journal.com/poland-will-create-the-valley-of-drones-in-partnership-with-ukraine-and-the-usa [Zugriff: 01.08.2022].

Osborn, Kris (2022): Ukraine's Switchblade Drones Will Be Game Changers for Urban Combat, in: The National Interest, 04.03.2022, https://nationalinterest.org/blog/buzz/ukraine%E2%80%99s-switchblade-drones-will-be-game-changers-urban-combat-202220 [Zugriff: 01.08.2022].

RK Marine Kiel (2022): NATO 2 % Ziel, https://www.rk-marine-kiel.de/lexikon/militaer/nato/zwei-prozent-ziel [Zugriff: 01.08.2022].

Roff, Heather/Moyes, Richard (2016): Meaningful Human Control, Artificial Intelligence and Autonomous Weapons. Briefing Paper for Delegates at the Convention on Certain Conventional Weapons (CCW) Meeting of Experts on Lethal Autonomous Weapons Systems (LAWS), https://article36.org/wp-content/uploads/2016/04/MHC-AI-and-AWS-FINAL.pdf [Zugriff: 01.08.2022].

Rühe, Volker (2018): „Hohle Armee in einem desolaten Zustand", in: Deutschlandfunk, 07.03.2018, https://www.deutschlandfunk.de/bundeswehr-hohle-armee-in-einem-desolaten-zustand-100.html [Zugriff: 01.08.2022].

Scholz, Olaf (2022): Regierungserklärung von Bundeskanzler Olaf Scholz, 27.02.2022, https://www.bundesregierung.de/breg-de/suche/regierungserklaerung-von-bundeskanzler-olaf-scholz-am-27-februar-2022-2008356 [Zugriff: 01.08.2022].

Singh, Amrit (2013): Death By Drone: Civilian Harm Caused by U.S. Targeted Killings in Yemen. Report for the Open Society Justice Initiative, New York, https://www.justiceinitiative.org/uploads/1284eb37-f380-4400-9242-936a15e4de6c/death-drones-report-eng-20150413.pdf [Zugriff: 01.08.2022].

Sivakumaran, Sandesh (2012): The Law of Non-International Armed Conflict, Oxford.

Ständige Vertretung – Ständige Vertretung der Bundesrepublik Deutschland bei der Abrüstungskonferenz in Genf (2021): National Statement by Germany, Group of Governmental Experts on „Emerging Technologies in the Area of Lethal Autonomous Weapons Systems (LAWS)", 3–13 August 2021, Delivered by Ambassador Peter Beerwerth, https://documents.unoda.org/wp-content/uploads/2021/08/Germany.pdf [Zugriff: 01.08.2022].

Sutton, H. (2022): Incredible Success Of Ukraine's Bayraktar TB2: The Ghost Of Snake Island, in: Naval News, 18.05.2022, https://www.navalnews.com/naval-news/2022/05/surprising-success-of-ukraines-bayraktar-tb2-the-ghost-of-snake-island [Zugriff: 01.08.2022].

United Nations Meetings Place (2022): Convention on Certain Conventional Weapons – Group of Governmental Experts on Lethal Autonomous

Weapons Systems, Second Session 25–29 July 2022, https://unoda-documents-library.s3.amazonaws.com/Convention_on_Certain_Conventional_Weapons_-_Group_of_Governmental_Experts_(2022)/CCW-GGE.1-2022-2_English.pdf [Zugriff: 01.08.2022].

UNODA – United Nations Office for Disarmament Affairs (2022): Background on LAWS in the CCW, https://www.un.org/disarmament/the-convention-on-certain-conventional-weapons/background-on-laws-in-the-ccw [Zugriff: 01.08.2022].

Vogel, Dominik (2020): Future Combat Air System: Too Big to Fail. Unterschiedliche Perzeptionen und hohe Komplexität gefährden den Erfolg des strategischen Rüstungsprojekts, in: SWP-Aktuell 98 (Dezember 2020), https://www.swp-berlin.org/publications/products/aktuell/2020A98_FCAS-Projekt.pdf [Zugriff: 01.08.2022].

Von der Burchard, Hans von der (2022): Pressure Grows on Germany's Scholz to Send Heavy Weapons to Ukraine, in: Politico, 21.04.2022, https://www.politico.eu/article/pressure-germany-scholz-send-heavy-weapon-ukraine [Zugriff: 01.08.2022].

Zeitenwende und die Bundeswehr im Auslandseinsatz: Nie wieder Afghanistan?

Gustav Meibauer

Bedeutet die *Zeitenwende* auch eine Zäsur in Bezug auf die Auslandseinsätze der Bundeswehr? Eine sicherheitspolitische Neuausrichtung, so sie denn erfolgt, erfordert strategische und gesellschaftliche Entscheidungen, die von vielen verschiedenen, mitunter auch unvorhersehbaren Faktoren beeinflusst werden. Dies macht exakte Vorhersagen, wie die *Zeitenwende* sich auf Auslandseinsätze auswirken wird, unmöglich. Aber man kann auf Basis bisheriger außenpolitischer Entscheidungen deutscher Bundesregierungen Muster erkennen, die es erlauben, im Folgenden drei mögliche Szenarien zu skizzieren. Im ersten zieht die Konzentration auf Landes- und Bündnisverteidigung (LVBV) eine Abkehr von Auslandseinsätzen nach sich. Im zweiten ist Deutschland bereit, weitergehende Verantwortung für globale Sicherheit zu übernehmen. Im dritten Szenario droht die *Zeitenwende* im institutionellen und ideellen Geflecht deutscher Außenpolitik zu versanden.

Zurück zur Landes- und Bündnisverteidigung?

Deutschland beteiligt sich an Auslandseinsätzen, so eine gängige Interpretation des geopolitischen Wandels nach 1990, weil die unmittelbare sicherheitspolitische Bedrohung durch den Warschauer Pakt weggefallen ist. Auslandseinsätze sind sozusagen ein Luxusprojekt der „Friedensdividende". Trotz einiger Vorboten (z. B. der Georgenkrieg 2008, russisch unterstützte Aktivitäten in der Ostukraine) rüttelt dann erst der militärische Überfall Russlands auf die

Ukraine Deutschland aus der Illusion, der relative Frieden seit dem Fall der Sowjetunion wäre permanent. Nun sieht Deutschland seine unmittelbaren Sicherheitsinteressen, also die Sicherheit des Bundesgebietes sowie seiner NATO-/EU-Verbündeten, in einer Art und Weise bedroht, die seit dem Fall des Eisernen Vorhangs undenkbar schien. Bedeutet dies, dass die leichtfertigen „Abenteuer" der Friedens- und Stabilisierungsmissionen der Bundeswehr angesichts weitreichenderer Bedrohungen nachrangig geworden sind und daher reduziert werden (sollten)?

Bis 1990 dient die Bundeswehr im Rahmen der Bündnisverteidigung der Abschreckung einer sowjetischen Westoffensive. Obwohl sie eine der größten westeuropäischen Armeen ist, hat sie darüber hinaus keine anderen internationalen Aufgaben. Dies ist nicht zuletzt der deutschen Vergangenheit geschuldet: Von deutschem Boden soll nie wieder Krieg ausgehen. Deutsche Soldat:innen auf Kampfmission im Ausland sind daher lange tabu. Mit dem Ende der Sowjetunion ändern sich die geopolitischen Gestaltungsmöglichkeiten – zunächst für Deutschlands Verbündete. Im Irakkrieg 1991 wird Deutschland zwar aufgefordert, sich an der Koalition gegen Saddam Hussein zu beteiligen. Die Bundeswehr kommt aber nicht zum Einsatz: Stattdessen unterstützt Deutschland logistisch, und die Regierung Kohl zückt das „Scheckbuch", um sich an den Kriegskosten zu beteiligen. Doch bereits im selben Jahr entsendet Deutschland im Rahmen einer UN-Mission Sanitätssoldaten nach Kambodscha.

Deutschland scheint in den folgenden Bundeswehreinsätzen oft nicht aus eigenem gestalterischen Anspruch oder sicherheitspolitischem Interesse zu handeln. Vielmehr beteiligt Deutschland sich primär auf Druck von Verbündeten. Die Zielsetzung, Deutschlands Partner solidarisch zu unterstützen und im Zweifelsfall gemeinsam an einem Strang zu ziehen, bedeutet jedoch, dass Deutschland sich zunehmend außerstande sieht, Aufforderungen ebenjener Partner abzulehnen, sich entsprechend seiner wirtschaftlichen und politischen Bedeutung an gemeinsamen Einsätzen auch militärisch zu beteiligen.

Gerade weil solche Auslandseinsätze nicht offensichtlich deutsche Kerninteressen betreffen und auf wenig politisches Interesse der jeweiligen Bundesregierungen zu stoßen scheinen, sind sie oft eng begrenzt. Deutschland kann sich also seinen Partnern nicht entziehen, wohl aber die eigene Beteiligung möglichst knapp halten. Bundeswehrbeteiligungen im Bosnienkrieg sowie in Somalia und in Kroatien beschränken sich primär auf Logistik und Sanitätsdienste. 1998 werden in der Nachfolgemission (SFOR) in Kroatien dann erstmals Bundeswehr-Kampftruppen stationiert. Schließlich beteiligt sich die Bundeswehr in der Kosovo-Intervention aktiv an Kampfhandlungen. Was im Rahmen der Gesamtoperation eher symbolischer Beitrag bleibt, sorgt in Deutschland nach heftiger Debatte für eine zaghafte Neuausrichtung hin zu mehr sicherheitspolitischer Verantwortung.

Ist es also ausschließlich externer Druck, der Deutschland dazu bewegt, sich in Auslandseinsätzen zu engagieren? Ein alternativer Erklärungsansatz zielt auf den liberal-interventionistischen Zeitgeist der 1990er Jahre, den wiederum insbesondere Deutschlands westliche Partner (die USA, Großbritannien, Kanada, mit Abstrichen auch Frankreich) in die militärische Tat umsetzen. Im Rahmen humanitärer Interventionen sollen Menschenrechte, aber auch stabile Staatlichkeit und Demokratie weltweit geschützt und gefördert werden. Diese Ideen finden auch in Berlin Anklang. Gerade vor dem Hintergrund der Holocaust-Erinnerung findet etwa die sogenannte Schutzverantwortung gegenüber verfolgten Minderheiten beispielsweise in den Debatten zum Kosovoeinsatz der damals in Regierungsverantwortung stehenden, aber mehrheitlich pazifistisch ausgerichteten Grünen seinen Widerhall (SWR2 1999).

Doch gibt es unter den deutschen Entscheidungsträger:innen nur wenige überzeugte Interventionist:innen. Die Skepsis gegenüber liberal-interventionistischen Einsätzen überwiegt sowohl 2003, als die USA und ihre Alliierten ohne völkerrechtliches Mandat vermeintliche Massenvernichtungswaffen im Irak aufspüren und nebenbei eine Demokratie errichten wollen, als auch 2011, als Muammar Gaddafi droht, das ostlibysche Bengasi samt Bewohner:innen zu vernichten. Zum Ärger seiner Verbündeten wie auch der deutschen Interventionist:innen in Politik und Feuilleton scheint sich Deutschland selbst zu verzwergen, anstatt seiner Rolle als europäischer Führungsmacht auch militärisch gerecht zu werden. Gleichzeitig gibt die Gesamtbilanz humanitärer Interventionen den Skeptiker:innen durchaus Recht. Ob mit oder ohne Bundeswehrbeteiligung – nachhaltiger Erfolg bleibt häufig aus. Die Balkanregion bleibt trotz NATO-Präsenz ein potenzieller Konfliktherd. Libyen versinkt nach der Intervention 2011 im Chaos.

Für Skeptiker:innen sind der Afghanistan-Einsatz und die Mali-Mission wohl die besten Beispiele für das Fehlgehen liberaler Interventionspolitik unter Beteiligung der Bundeswehr. In Afghanistan engagiert sich die Bundeswehr im Rahmen der Bündnissolidarität nach den Anschlägen des 11. September mit großem Kontingent insbesondere im afghanischen Norden – zur Verteidigung der Sicherheit der Bundesrepublik „auch am Hindukusch", wie Verteidigungsminister Peter Struck im März 2004 erläutert. Gleichzeitig werden der Bundeswehr so enge Vorgaben zum Einsatz von Waffengewalt gegeben und der Öffentlichkeit primär das Bild des:der Entwicklungshelfer:in in Uniform präsentiert, dass vom Kampfeinsatz zunächst nicht die Rede sein kann. Erst nach und nach wird die Bundeswehr gezwungen, im zunehmend umkämpften afghanischen Norden eine aktivere, robustere Rolle einnehmen. Dies stellt sie vor neue Herausforderungen, denn einerseits wurde die Bundeswehr nach 1990 wesentlich verkleinert und zum Sparen gezwungen. Es mangelt an Ausrüstung, aber auch an politischem Willen zur Investition. Andererseits wird die Bundeswehr, analog zu verbündeten Streitkräften, teilweise zur spezialisierten Interventions-Armee umgebaut (etwa mit einem Fokus auf Spezialkräfte für die Terrorismusbekämpfung) und schließlich in Afghanistan entsprechend eingesetzt.

Die Bundeswehr kämpft jetzt doch – und muss dabei manche harte Lektion lernen. Die Kundus-Affäre ist wohl das bekannteste Beispiel unzureichender Kommunikationswege, unklarer Befehlsstrukturen und individuellen Versagens. Im Herbst 2009 befiehlt ein Bundeswehr-Oberst zwei amerikanischen Jet-Piloten, die zur Luftunterstützung angefordert wurden, die Bombardierung zweier entführter Tanklastwagen. Es bestünde eine „unmittelbare Bedrohung" durch die Menschenmenge, die sich um die Fahrzeuge versammelt hat – darunter Taliban ebenso wie, so wird spätestens im Anschluss klar, viele Zivilist:innen. Beim Bombardement sterben 91 Menschen. Die Kundus-Affäre führt zum verspäteten Rücktritt des damaligen Verteidigungsministers Franz Josef Jung, weil er die deutsche Öffentlichkeit falsch über die Geschehnisse informierte, sowie der Entlassung des Generalinspekteurs der Bundeswehr und des zuständigen Staatssekretärs. Strategische Konsequenzen aber, etwa eine Neuausrichtung des Afghanistan-Einsatzes nach offen geführter öffentlicher Debatte, bleiben weitgehend aus. Letztlich können weder die Bundeswehr noch die Alliierten verhindern, dass die afghanischen Taliban Afghanistan wieder einnehmen. Im Herbst 2021 kommt es zu panikartigen Evakuierungen der letzten westlichen Kräfte aus Kabul, bei denen die Bundeswehr, von einer überrumpelten politischen Führung weitgehend allein gelassen, wiederum an ihre Grenzen stößt.

In Mali versucht die Bundeswehr seit 2015, die staatliche Ordnung des westafrikanischen Staates zu stützen. Die Bundeswehr beteiligt sich nicht am Anti-Terrorismus-Einsatz, den insbesondere Frankreich militärisch führt, sondern konzentriert sich auf Aufklärung und logistische Unterstützung der UN-Mission sowie die Beratung und Ausbildung lokaler Sicherheitskräfte. Dann verschiebt 2021 in Mali ein Militärputsch die politischen Vorzeichen, und die neue malische Regierung beginnt, ihre nominellen Verbündeten gezielt zu vergraulen. Auch hier stößt die liberale Interventionspolitik an ihre Grenzen – in feindseliger Umgebung lässt sich staatliche Ordnung nur begrenzt und mit hohen Kosten aufrechterhalten. Angesichts der mangelnden Kooperation mit der malischen Regierung und der eingeschränkten Bewegungsfreiheit der deutschen Truppen hat die Bundesregierung folgerichtig das Ende des Einsatzes bis zum Mai 2024 beschlossen. Das Datum des Abzuges ist wiederum ein typischer Formelkompromiss zwischen Auswärtigem Amt, das für den Verbleib votierte, und dem Verteidigungsministerium, das am liebsten sofort den Abzug eingeleitet hätte. Der Abzug aus Mali ist somit ein Symbol der sicherheitspolitischen Zerrissenheit an der die deutschen Auslandseinsätze so häufig kranken.

Es ist diese ernüchternde Bilanz, die es vielen Beobachter:innen wahrscheinlich erscheinen lässt, dass die Antwort auf die *Zeitenwende* eine Abkehr von kostspieligen, wenig erfolgreichen Auslandseinsätzen bedeutet. Die veränderte sicherheitspolitische Lage erfordere eine Konzentration verfügbarer Ressourcen auf die Kernaufgaben der Bundeswehr – die über Jahrzehnte liberaler Interventionen vernachlässigte LVBV (Lambrecht 2022). Dies entspräche einerseits der historisch gewachsenen militärischen Zurückhaltung Deutschlands, andererseits dem zunehmenden Unwillen großer Teile der deutschen Öffentlichkeit, Auslandseinsätze wie Mali weiter zu unterstützen.

Anderswo würde eine Reorientierung auf LVBV jedoch wesentliche Umbrüche erfordern. Zunächst wäre angesichts knapper Ressourcen und Personalmangels eine Rückführung von bisher im Ausland gebundenen Einheiten und der Einsatz mobiler Kräfte nicht in weltweiten Stabilisierungsmissionen, sondern im Bündnisgebiet erforderlich. Auch wenn etwa der Afghanistan-Einsatz durchaus traditionsstiftend wirkte, ist die Bundeswehr in Bezug auf Doktrin, Ausbildung und Ausrüstung unzureichend auf die Herausforderungen der LVBV ausgerichtet. Zum Beispiel kam es durch den Fokus auf die Terrorismusbekämpfung zu einer Vernachlässigung von Artillerie- und Flugabwehrfähigkeiten. Die Bundeswehr müsste sich noch enger mit NATO-Bündnispartnern in Osteuropa verzahnen, und könnte sich nur begrenzt etwa auf Logistikfähigkeiten spezialisieren. Stattdessen würde eine Neuausrüstung nötig werden, die es erforderte, den Wehretat über das angekündigte Sondervermögen hinaus zu erhöhen. Inwiefern dafür der politische Wille besteht, bleibt abzuwarten. Eine gegenläufige Konsequenz der *Zeitenwende* in Bezug auf Auslandseinsätze ist jedoch ebenfalls möglich.

Deutschland als „Führungsmacht"?

Seit den 1990er Jahren haben Kritiker:innen der deutschen Außen- und Sicherheitspolitik vorgeworfen, unnötig zurückhaltend und Deutschlands ökonomischer, kultureller und politischer Bedeutung nicht angemessen zu sein. Mehr noch, sie sei konzept- und orientierungslos, ohne Masterplan (Keller/Voje 2010) oder Grand Strategy (Stelzenmueller 2010). Tatsache sei, so Enskat und Masala (2015, 374), dass es „der deutschen Außenpolitik zumindest beim Einsatz militärischer Mittel an einer klaren Linie mangelt". Die strategische Analyse, was Deutschland militärisch zu leisten vermag, steht selten im Vordergrund. Es scheint vor allem um das Vermeiden externen Drucks und schlechter Nachrichten zu gehen, nicht um den effizienten Einsatz militärischer Instrumente.

Es ist nicht so, dass die jeweiligen Bundesregierungen keine Begründungen für Auslandseinsätze angeboten hätten – von humanitärer Notwendigkeit über Menschenrechte, Terrorismusbekämpfung, Demokratieförderung, Bündnissolidarität bis hin zur Migrationsprävention wurde ein breites Spektrum abgedeckt. Allerdings waren die Gründe weder von Fall zu Fall dieselben, noch wurden ähnliche Fälle ähnlich begründet (Enskat/Masala 2015). Je genauer deutsche Außenpolitik betrachtet wird, desto mehr verfestigt sich der Eindruck, dass Bundesregierungen sich durchwursteln – durch die Begründung ihrer jeweiligen Sicherheitspolitik ebenso wie die Nutzung militärischer Instrumente.

Es scheint zudem das Gefühl vorzuherrschen, sich diese Inkohärenz angesichts mangelnder externer Bedrohung, fehlenden gesellschaftlichen Interesses und geringer politischer Kosten leisten zu können. Die deutschen Wähler:innen stehen Auslandseinsätzen zwar tendenziell ablehnend gegenüber, aber anscheinend nicht so sehr, dass sie daraus eine Wahlentscheidung ableiten. Mehr noch: Eine Grundsatzdebatte zu Auslandseinsätzen anzumahnen, gehört zwar zum Standardrepertoire deutscher Außenpolitiker:innen. Tatsächliche Debattenbeiträge aber können politisch riskant sein. Bundespräsident Horst Köhler etwa fordert im Mai 2010 eine breitere gesellschaftliche Diskussion zur deutschen Sicherheitspolitik. Seine eigene Einschätzung, dass „ein Land unserer Größe mit dieser Außenhandelsorientierung und damit auch Außenhandelsabhängigkeit wissen muss, dass […] im Notfall auch militärischer Einsatz notwendig ist, um unsere Interessen zu wahren" (dpa/gba 2010) führt zu so anhaltender Kritik, dass er wenig später zurücktritt.

Gleichzeitig ist trotz aller Inkohärenz ein Trend zu beobachten: Deutschland übernimmt mehr und mehr militärische Verantwortung im Ausland. Diese Entwicklung ist nicht nur quantitativer sondern auch qualitativer Art: dass die Bundeswehr im Auslandseinsatz ist, wird gesellschaftlich normalisiert (Enskat/Masala 2015). Spätestens in Afghanistan beweist die Bundeswehr zudem, dass sie nicht nur „weiche Aufgaben" übernehmen, sondern auch offensive Kampfoperationen durchführen kann (Noetzel 2011). Die Bundeswehr hat ein neues Aufgabenprofil entwickelt und ist zum regulären außenpolitischen Instrument geworden.

Kombiniert man diese gegenteiligen Aspekte, also eine inkohärente Sicherheitspolitik mit der zunehmenden Auslandspräsenz der Bundeswehr, so ergibt sich die Notwendigkeit zur breiteren Debatte darüber, wie sich Deutschland außenpolitisch positionieren will und welche Rolle dabei dem Militär zukommt. Die Forderung nach einer solchen Debatte war bisher, wie oben dargelegt, ein weitgehend fruchtloser Dauerbrenner in Politik und Fachliteratur. Die *Zeitenwende* könnte hier einen wichtigen Impuls liefern, etwa für eine Bundestagsthemenwoche mit Diskussionen zur neuen nationalen Sicherheitsstrategie unter Einbindung gesellschaftlicher Partner und wissenschaftlicher Expertise. Als Resultat wäre denkbar, dass sich Deutschland auf LVBV zurückzieht, wie oben dargelegt.

Alternativ könnte sich trotz der zweifelhaften Bilanz bisheriger Auslandseinsätze auch der Trend einer ambitionierteren Sicherheitspolitik fortsetzen. Die *Zeitenwende* könnte dann zur Konsequenz haben, dass Deutschland weitergehende sicherheitspolitische Verantwortung regional und sogar global übernimmt. Es gibt dafür durchaus Anhaltspunkte: Verteidigungsministerin Christine Lambrecht etwa hat in einer Grundsatzrede im September 2022 einen Führungsanspruch angemeldet (BMVg 2022), auch wenn unklar bleibt, ob Deutschlands Partner eine solche Führungsrolle auch zugestehen würden. Bereits zuvor waren Politik und Bundeswehrführung bereit, deutsche Kräfte im Indo-Pazifik Präsenz zeigen zu lassen (Reuters 2022). Außerdem: Auch wenn die unmittelbare Bedrohung durch Russland Priorität hat, fallen Gefahren etwa durch Instabilität in Westafrika oder zunehmende Aggressivität chinesischer Ambitionen nicht einfach weg.

Die Bundeswehr könnte also darauf ausgerichtet werden, als Vielzweckarmee ein breites Spektrum an Aufgaben sowohl im Bereich der LVBV als auch unterschiedlicher Arten von Auslandseinsätzen gleichzeitig wahrzunehmen. Die Bundeswehr wäre dann gleichzeitig und langfristig beispielsweise in Litauen zur Bündnisverteidigung, in Westafrika für Stabilisierungsmissionen, und in Ostasien zur Abschreckung im Auslandseinsatz. Dies würde nicht nur eine politische Bereitschaft erfordern, deutsche Außenpolitik neu zu durchdenken. Es bedürfte auch institutioneller Anpassungen, etwa der Schaffung eines nationalen Sicherheitsrats, der Kompetenzen bündelt und schnellere Kommunikations- und Ausführungswege ermöglicht (Brockmeier/Bunde 2021). Schließlich erforderte es eine Befähigung der Bundeswehr, sowohl durch entsprechende Ausrüstung (beispielsweise im Bereich Lufttransport oder Hochseemarine) als auch durch eine weitere Einbettung in EU- oder NATO-Verbände.

Weiter so?

Schließlich stellt sich die Frage, ob die *Zeitenwende* die Art von Zäsur darstellt, die drei Dekaden sicherheitspolitischer Inkohärenz überwinden kann. Reicht selbst ein derartig bedeutsames Ereignis nicht aus, um Zaudern und grundsätzliche Zweifel bezüglich der Kosten und Nutzen von Auslandseinsätzen, ja von klarer sicherheitspolitischer Positionierung insgesamt, hintanzustellen, um traditionelle Genügsamkeit und außenpolitische Bräsigkeit aufzugeben? Obwohl eine definitive Antwort erst in einigen Jahren möglich sein wird, gibt es Anhaltspunkte für die *Zeitenwende*-Skepsis. Zum einen mag die Inkohärenz deutscher Sicherheitspolitik nicht nur Ausdruck genügsamen Desinteresses sein, das man sich angesichts eines sicheren geopolitischen Umfeldes leisten kann. Stattdessen könnte die Zögerlichkeit, überhaupt Richtlinien zur Rolle von Auslandseinsätzen in der deutschen Außenpolitik zu formulieren, auch Ausdruck tief verankerter Leitbilder sein. Die Grundstruktur deutscher strategischer Kultur wäre dann nicht ihre Abwesenheit aus Desinteresse, sondern ihre tiefe Zerrissenheit.

Deutschland will einerseits Führung zeigen, westliche Werte verteidigen, den Partnern Solidarität und Unterstützung beweisen.

Während Bündnissolidarität und Schutzverantwortung Auslandseinsätze grundsätzlich legitimieren, begründet das Leitbild der militärischen Zurückhaltung gleichzeitig eine gegenläufige Dynamik, die vor allem die Beteiligung an aktiven Kampfeinsätzen zu vermeiden sucht. Diese Zurückhaltung ist historisch gewachsen und politisch tief verankert (Bunde 2022). Sie speist sich einerseits aus einem Bewusstsein besonderer Verantwortung für Frieden im Angesicht der Schuld zweier Weltkriege und des Holocausts. Andererseits verändert sie das politische Kalkül der jeweiligen Bundesregierungen angesichts der weitflächigen grundsätzlichen Ablehnung militärischen Engagements im Ausland durch viele Wähler:innen und der mit Auslandseinsätzen verbundenen politischen Risiken. Man will dabei sein, aber sich nicht die Hände schmutzig machen. Beiträge zu humanitären Interventionen bleiben dementsprechend verhalten und eng begrenzt. Die Konzentration auf „weiche Aufgaben" wäre dann immer auch dem Versuch geschuldet, zwischen widerstrebenden Leitbildern Kompromisslösungen zu finden.

Neue strategische Leitbilder zu entwickeln, ist ein langwieriger Prozess, der auch von einer *Zeitenwende* nicht notwendigerweise beschleunigt wird. Man weiß aus der politischen Psychologie, dass Menschen oft nicht zu bewegen sind, ihre alten Ideen abzulegen, selbst wenn sie danebenliegen. Ein solcher Status-quo-Bias wird durch bürokratische Prozesse zusätzlich institutionell verankert. Und tatsächlich gibt es innerhalb der Regierungsfraktionen ersten Streit zur Wehretatserhöhung über das Sondervermögen hinaus (Leithäuser 2022). Es ist nicht unwahrscheinlich, dass wegen steigender Lebenshaltungskosten oder Energieknappheit die Kosten einer strategischen Neuausrichtung von deutschen Wähler:innen als zu hoch empfunden werden. Pandemien, Klimakatastrophen und andere innen- und außenpolitische Krisen bergen das Potenzial, die Aufmerksamkeit von Medien, Öffentlichkeit und Politiker:innen neu auszurichten.

Schließlich bedarf es, um strategische Kultur nachhaltig zu wandeln, des generationellen Wandels und der gesamtgesellschaftlichen Debatte, aber auch der strategischen Analyse, was Deutschland zu welchem Zweck militärisch zu leisten vermag. Dazu ist es mehr noch als bisher nötig, die Auslandseinsätze der Bundeswehr kritisch zu beleuchten – etwa im Rahmen einer parlamentarisch-wissenschaftlichen Kooperation. Die Enquete-Kommission zum Afghanistaneinsatz kann hier Vorbildfunktion haben. Sollten diese Wandlungsprozesse nicht rechtzeitig eingeläutet werden, gäbe es auch nach der *Zeitenwende* weder eine Konzentration auf LVBV, noch die Bereitschaft, weitflächiger sicherheitspolitische Verantwortung zu übernehmen. Stattdessen würden auch zukünftige Bundesregierungen sich nach jeweiligem innenpolitischen Kalkül durchwursteln, wenn es um Entscheidungen für oder gegen Auslandseinsätze der Bundeswehr geht. Das wäre tragisch, denn die nötige sicherheitspolitische Neuausrichtung Deutschlands würde so weiter verschleppt.

Literatur

Brockmeier, Sarah/Bunde, Tobias (2021): Kommt Zeit, kommt Rat?, in: IPG Journal, 11.11.2021, https://www.ipg-journal.de/rubriken/aussen-und-sicherheitspolitik/artikel/kommt-zeit-kommt-rat-5482 [Zugriff: 17.09.2022].

BMVg – Bundesministerium der Verteidigung (2022): Lambrecht: Die Bundeswehr muss Kern deutscher Sicherheit sein, https://www.bmvg.de/de/aktuelles/lambrecht-bundeswehr-muss-kern-deutscher-sicherheit-sein-5494860 [Zugriff: 17.09.2022].

dpa/gba (2010): Rücktritt von Köhler: Das umstrittene Interview im Wortlaut, in: Süddeutsche Zeitung, 31.05.2010, https://www.sueddeutsche.de/politik/ruecktritt-von-koehler-das-umstrittene-interview-im-wortlaut-1.952332 [Zugriff: 17.09.2022].

Enskat, Sebastian/Masala, Carlo (2015): Einsatzarmee Bundeswehr. Fortsetzung der deutschen Außenpolitik mit anderen Mitteln?, in: Zeitschrift für Außen- und Sicherheitspolitik 8 (1), 365–378.

Keller, Patrick/Voje, Julian (2010): Wo bleibt der Masterplan?, in: Internationale Politik 65 (5), 21–25.

Lambrecht, Christine (2022): Grundsatzrede von Verteidigungsministerin Christine Lambrecht, https://dgap.org/de/veranstaltungen/grundsatzrede-von-verteidigungsministerin-christine-lambrecht-mit-podiumsdiskussion [Zugriff: 17.09.2022].

Leithäuser, Johannes (2022): Bericht der Wehrbeauftragten: Högl: Beim militärischen Material „noch einiges zu tun", in: Frankfurter Allgemeine Zeitung, 29.04.2022, https://www.faz.net/aktuell/politik/inland/wehrbeauftragte-eva-hoegl-ueber-bundeswehr-sondervermoegen-17992673.html [Zugriff: 17.09.2022].

Noetzel, Timo (2011): The German Politics of War: Kunduz and the War in Afghanistan, in: International Affairs 87 (2), 397–417.

Reuters (2022): Bundeswehr: Deutschland will Militär-Präsenz im Indo-Pazifik ausweiten, in: Frankfurter Allgemeine Zeitung, 31.08.2022, https://www.faz.net/aktuell/politik/deutschland-will-seine-militaer-praesenz-im-indo-pazifik-ausweiten-18283013.html [Zugriff: 17.09.2022].

Stelzenmueller, Constanze (2010): Die selbstgefesselte Republik. Eine Polemik in fünf Thesen, in: Internationale Politik 65 (1), 76–81.

SWR2 (1999): Grüner Außenminister Joschka Fischer für Kriegseinsatz der Bundeswehr im Kosovo, in: SWR (online), 13.05.1999, https://www.swr.de/swr2/wissen/archivradio/joschka-fischer-nie-wieder-auschwitz-als-begruendung-fuer-kosovo-kriegseinsatz-100.html [Zugriff: 17.09.2022].

Teil 3
Die Zeitenwende als Herausforderung für Politik, Militär und Gesellschaft in Deutschland

Bundeswehr und deutsche Gesellschaft: Die Berliner Republik zwischen Militarisierung und Normalisierung[6]

Frank A. Stengel

Bundeskanzler Olaf Scholz' Diktum von einer *Zeitenwende* und seine Ankündigung eines Richtungswechsels in der deutschen Sicherheitspolitik (2022) haben neue Debatten über den vielbesagten deutschen Pazifismus entfacht. Folgt man Pressestimmen, so hat dieser (mal wieder) ausgesorgt. *Der Spiegel* etwa schrieb, der Angriff Russlands auf die Ukraine habe „die Deutschen aus ihrem Pazifismus" erweckt, *The Times* titelte, die Deutschen hätten ihrem „Pazifismus" den „Rücken gekehrt", der *Los Angeles Times* zufolge sind die Deutschen aus ihrem „pazifistischen Zeitgeist" gerüttelt worden und der *Bayrische Rundfunk* sorgt sich darum, der „Abschied vom Pazifismus" sei „zu selbstverständlich".

Der vorliegende Beitrag nimmt die These von der *Zeitenwende* als Abkehr von einem vermeintlichen Pazifismus etwas genauer unter die Lupe. Tatsächlich lassen sich zwei Hauptpunkte feststellen. Erstens ist Jakub Eberle (2022) zuzustimmen, wenn er feststellt, dass zumindest Deutschlands außenpolitische Eliten streng genommen

---

[6] Dieser Aufsatz ist entstanden im Rahmen des vom Bundesministerium für Bildung und Forschung geförderten Verbundprojekts „Wissensproduktion in der deutschen Friedens- und Sicherheitspolitik" (Projektnr.: 01UG2207A). Der Verfasser dankt Hubert Zimmermann für hilfreiche Kommentare sowie Heiko Biehl und Markus Steinbrecher für Hinweise zur Interpretation von Umfragedaten. Etwaige verbleibende Fehler und Ungenauigkeiten liegen in der Verantwortung des Verfassers.

nie wirklich pazifistisch waren. Zweitens ist auch in Bezug auf die Einstellungen der deutschen Bevölkerung zu beobachten, dass sie mit ‚Pazifismus' mehr schlecht als recht beschrieben sind. In der Fachliteratur wird generell eher von einer (antimilitaristischen) Zurückhaltung gegenüber dem Einsatz deutscher Streitkräfte außerhalb des NATO-Gebiets gesprochen, und selbst diese hat sich seit der deutschen Einheit merklich gewandelt. Insgesamt scheint die deutsche Politik der Zurückhaltung in sicherheitspolitischen Belangen (aktuell diskutiert in Bezug auf Waffenlieferungen an die Ukraine) weniger mit Einstellungen der Bevölkerung als mit (Teilen) der außenpolitischen Elite selbst zu tun zu haben. Deren Zurückhaltung (böse Zungen würden von Zögerlichkeit sprechen) wiederum ist, soweit das von außen beurteilt werden kann, u. a. durch politische Erwägungen, etwa im Hinblick auf zukünftige Kooperation mit Russland, eine allgemeine Risikoaversion (über Antimilitarismus hinaus) und einen generell reaktiven Politikstil beeinflusst.

Pazifismus, Antimilitarismus und Normalisierung

Wenn wir einigermaßen brauchbare Aussagen zum Stand des deutschen „Pazifismus" treffen wollen, müssen wir erst einmal verstehen, was eine pazifistische Position eigentlich beinhaltet und was sie von angrenzenden Phänomenen unterscheidet. Auch wenn es in den Sozialwissenschaften nicht die eine allgemein anerkannte Definition von Pazifismus gibt (nicht zuletzt, weil in der politischen Praxis verschiedene Formen von Pazifismus existieren), lässt sich doch grundsätzlich festhalten, dass eine pazifistische Position dadurch gekennzeichnet ist, dass sie „Krieg als akzeptables Mittel zur Erlangung des Friedens" ablehnt und, je nach Ausprägung, ebenso die Existenz von Streitkräften und jegliche Form von Gewalt (Fiala 2021). Diese grundsätzlich gegenüber Krieg ablehnende Position ist zu unterscheiden von Antimilitarismus, einer ausgeprägten Zurückhaltung, sich mit militärischen Mitteln in der internationalen Sicherheitspolitik zu involvieren (Berger 1998, 1). Der Antimilitarismus lehnt nicht notwendig Verteidigung oder Streitkräfte als solche ab. Darüber hinaus ist es sinnvoll, zwischen außenpolitischen Eliten und der Bevölkerung zu unterscheiden, da deren Sichtweisen gerade in der Außen- und Sicherheitspolitik nicht immer übereinstimmen (Lagassé/Mello 2018).

Pazifistische Eliten?

Wenn vom deutschen Pazifismus die Rede ist, geht das zurück auf die Ansicht, dass der „preußisch-deutsche Militarismus" eine zentrale Rolle für die beiden Weltkriege und den Aufstieg Hitlers gespielt hat (Bald 2002, 204). Dementsprechend hatten die Westalliierten ursprünglich eine Politik der Entnazifizierung und Demilitarisierung gegenüber dem besiegten Deutschland verfolgt. Der Ausbruch des Korea-Kriegs führte jedoch zu der Überzeugung, dass eine deutsche Wiederbewaffnung unumgänglich sei, und 1950 begann die Bundesrepublik mit der Aufstellung von Streitkräften, gegen durchaus erheblichen öffentlichen Widerstand (von Schubert 1970). Allerdings wäre es irreführend, die Wiederbewaffnung allein als eine Initiative der Westalliierten zu betrachten. Denn nicht nur war die Frage einer Wehrverfassung schon im Parlamentarischen Rat diskutiert worden, sondern der erste Bundeskanzler Konrad Adenauer selbst betrieb von Anfang an aktiv die Wiederbewaffnung, weil er der Überzeugung war, dass nur ein Staat mit Streitkräften ernst genommen würde (Bald 2002). Die SPD stand dem zwar kritischer gegenüber, allerdings nicht aus einer Fundamentalopposition gegenüber Streitkräften heraus, sondern aufgrund der Befürchtung, dass ein deutscher Wehrbeitrag zu einem Hindernis für die Wiedervereinigung werden könnte (von Schubert 1970). Auch das Grundgesetz verbietet zwar Angriffskriege, räumt aber gleichzeitig dem Bund das Recht ein, „zur Wahrung des Friedens einem System gegenseitiger kollektiver Sicherheit" beizutreten (Art. 24 Abs. 2 GG), dessen

Mitglieder angegriffenen Nationen militärisch Hilfe leisten sollen (Kimminich 1984). Spätestens mit der Verfassungsänderung vom 19. März 1956 (BGBL I, 112), die die Aufstellung von Streitkräften zur Verteidigung vorsieht (Art. 87a GG), sind Verteidigungskriege zumindest implizit akzeptiert (Eberle 2022). Das alles ist von einer grundsätzlichen Ablehnung des Kriegs als akzeptables Mittel zur (Wieder-)Herstellung des Friedens doch relativ weit entfernt.

Allerdings lässt sich, wenn auch von einem Eliten-Pazifismus im engeren Sinne nicht gesprochen werden kann, eine grundsätzliche deutsche Zurückhaltung bei Militäreinsätzen nicht von der Hand weisen. Das wird in der politikwissenschaftlichen Literatur unter dem Stichwort „Antimilitarismus" diskutiert, der neben einem Bekenntnis zu Multilateralismus und Bündnissolidarität zu den etablierten Kernpfeilern deutscher Außen- und Sicherheitspolitik gehört (Berger 1998; Maull 1990).

Deutschlands antimilitaristische Kultur zog allerdings erst mit Ende des Ost-West-Konflikts vermehrte Aufmerksamkeit auf sich. Da der Warschauer Pakt vor 1990 eine gemeinsame Grenze mit der Bundesrepublik hatte, konnte letztere ihre wichtigsten Bündnisverpflichtungen dadurch erfüllen, dass sie konventionelle Abschreckung auf dem eigenen Territorium betrieb. Dies änderte sich erst, als mit dem Ende des Ost-West-Konflikts mehr multinationale Friedensmissionen diskutiert wurden. Die Weigerung der damaligen Regierung wegen verfassungsrechtlicher Bedenken, sich militärisch am Golfkrieg 1990/91 zu beteiligen, brachte massive Kritik seitens der Alliierten an der deutschen „Scheckbuchdiplomatie" (Meiers 2010, 204) mit sich und war der Auftakt für die sogenannte Out-of-Area-Debatte. Die Debatte nahm in den folgenden Jahren Fahrt auf, als die Bundesregierung sich mit konkreten Anfragen einer Beteiligung an Missionen in Somalia und dem ehemaligen Jugoslawien konfrontiert sah. Sie wurde aber 1993/94 durch eine Reihe von Entscheidungen des Bundesverfassungsgerichts im Kern beendet. Das Gericht erklärte eine Beteiligung der Bundeswehr an multilateralen Missionen unter der Voraussetzung für verfassungskonform, dass (1) der Bundestag individuellen Einsätzen zustimme und (2) diese im Rahmen kollektiver Sicherheitssysteme stattfinde.

Seitdem haben konsekutive Bundesregierungen die Beteiligung der Bundeswehr an Auslandseinsätzen sukzessive ausgeweitet (vgl. den Beitrag von Meibauer in diesem Band), mit dem Ergebnis, dass Auslandseinsätze mittlerweile als Instrument der Außen- und Sicherheitspolitik weitreichende Akzeptanz unter außenpolitischen Eliten genießen, wie nicht zuletzt der De-facto-Kriegseinsatz in Afghanistan zeigt. Insgesamt lässt sich festhalten, dass sich die Positionen außenpolitischer Eliten gegenüber Auslandseinsätzen seit der deutschen Einheit deutlich gewandelt haben (Mello 2019; Stengel 2020).

Allerdings heißt das nicht, dass automatisch Einigkeit über Einzelmissionen besteht. In der Tat bestanden und bestehen deutliche Differenzen zwischen den einzelnen Parteien. So ist die deutsche Sozialdemokratie im Schnitt etwas stärker antimilitaristisch geprägt als etwa die Union oder die Liberalen (Rathbun 2006; Wagner 2020, 115). Die Grünen standen Militäreinsätzen bis etwa Ende der 1990er Jahre ablehnend gegenüber, haben sich aber seitdem der SPD-Position angenähert und vertreten in Bezug auf den Ukrainekrieg mittlerweile eine deutlich härtere Position gegenüber Putin. Die Linke und die rechtsradikale Alternative für Deutschland lehnen Auslandseinsätze dagegen grundsätzlich ab (Böller 2022; Stengel 2020).

Bemerkenswert ist zudem, dass bei allem substanziellen Wandel außenpolitische Eliten nach wie vor militärische Zurückhaltung betonen und es tunlichst vermeiden, die Missionen der Bundeswehr als „Krieg" zu bezeichnen (hierzu Geis 2021). Grund hierfür scheint ein der Bevölkerung zugeschriebener Pazifismus (oder zumindest Antimilitarismus zu sein), den es zu umschiffen gilt.

Pazifistische Bevölkerung?

In der Tat stand die deutsche Bevölkerung nach 1945 Krieg und Militär grundlegend skeptisch gegenüber. Zentrale Ereignisse in der Geschichte der Bundeswehr waren von Protesten begleitet – von der Wiederbewaffnung in den 1950ern über den NATO-Doppelbeschluss Anfang der 1980er Jahre bis hin zu Protesten gegen den Golfkrieg 1990/91 oder die Intervention im Kosovo 1999 (Lahusen 2013; Schwab-Trapp 2002). Der Frage, inwieweit die deutsche Bevölkerung heute noch antimilitaristisch oder gar pazifistisch ist, können wir uns annähern, indem wir Umfragen zu Deutschlands außenpolitischer Rolle allgemein, zu den Streitkräften als Institution und zu Präferenzen für bestimmte außenpolitische Instrumente zu Rate ziehen. Zunächst ist hier die Frage nach einer Präferenz für eine aktive bzw. zurückhaltende deutsche Rolle bei der Bearbeitung internationaler Probleme und Krisen relevant. Hier zeigen sich uneinheitliche Ergebnisse. Während repräsentative Umfragedaten der Körber-Stiftung seit 2014 kontinuierliche Mehrheiten für eine außenpolitische Zurückhaltung zeigen, demonstrieren Daten des Zentrums für Militärgeschichte und Sozialwissenschaften der Bundeswehr (ZMSBw) das Gegenteil. Abb. 2 zeigt Daten aus beiden Quellen im Vergleich, für den Zeitraum 2014 bis 2021/22.

Selbst wenn man berücksichtigt, dass Umfragen grundsätzlich mit einer gewissen Vorsicht zu betrachten sind, da Ergebnisse durch unterschiedliche Fragestellungen, Antwortformulierungen, Befragungszeitpunkte usw. beeinflusst werden (Graf 2021; Mader 2017), zeigen die Daten deutlich, dass die pauschale Aussage, „die Deutschen" (im Sinne von nahezu alle) wollten sich lieber heraushalten, nicht zutrifft. Die Deutschen sind sich schlicht uneinig.

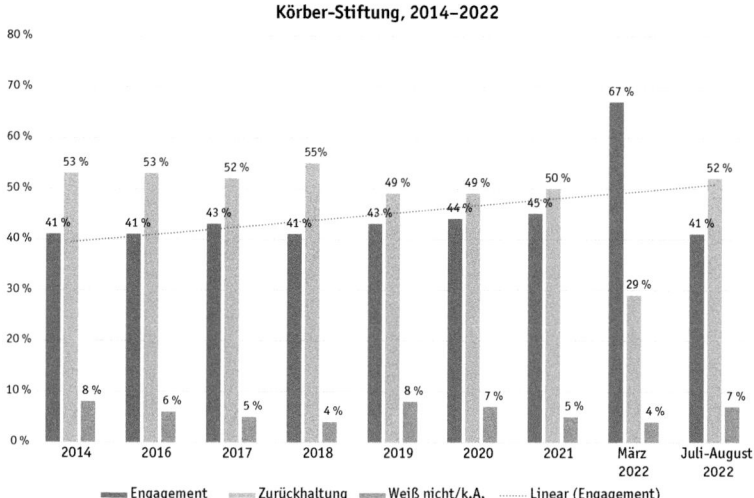
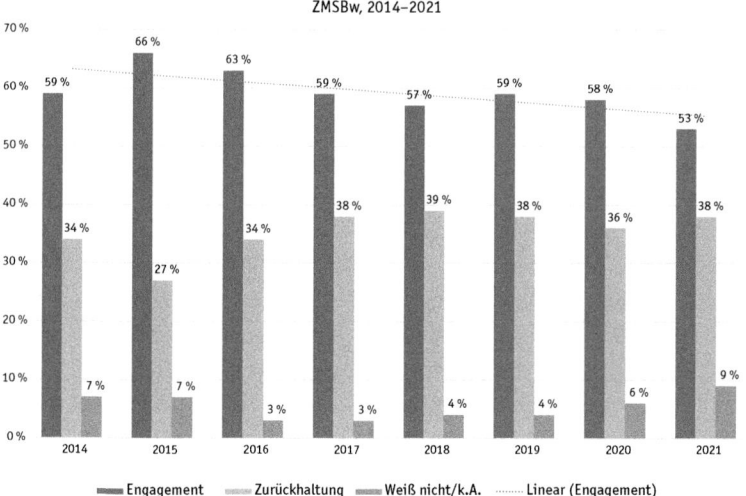

Abb. 2: Einstellungen zu Engagement/Zurückhaltung bei der internationalen Problemlösung, Zeitverlauf. Daten: Körber-Stiftung (2014; 2017; 2019; 2020; 2022a; 2022b; 2022c) und Graf et al. (2022, 40). Grafik: eigene Darstellung.

Dieser ambivalente Eindruck verstärkt sich zu einem gewissen Grad, wenn man die Daten in einen breiteren zeitlichen Kontext stellt. Der Körber-Stiftung zufolge war nämlich noch in den 1990er Jahren die Mehrheit der Deutschen (62 %) für ein stärkeres deutsches Engagement (Körber-Stiftung 2014, 3). Dass die öffentliche Meinung v. a. im Zusammenhang mit stark in den Medien präsenten Einzelereignissen zudem durchaus deutlich schwanken kann, demonstrieren die Umfragewerte kurz nach dem russischen Angriff. So spricht sich im März 2022 (direkt nach dem Angriff) eine deutliche Mehrheit von 67 % der Befragten für eine aktivere deutsche Außen- und Sicherheitspolitik aus, allerdings fällt der Wert schon im Juli/August wieder zurück auf 41 % – vier Prozentpunkte unter dem Wert des Vorjahres.

Ein weiterer Punkt, der für eine Beurteilung eines möglichen deutschen Pazifismus relevant ist, ist die Einstellung der Bevölkerung zur Bundeswehr. Denn eine pazifistische Öffentlichkeit, die Krieg als Mittel der Politik prinzipiell ablehnt, dürfte Streitkräfte eher skeptisch sehen. Zumindest auf Basis der Daten des ZMSBw, das über die detailliertesten Umfragedaten zu deutscher Sicherheitspolitik verfügt, lässt sich eine solche Position nicht bestätigen. 2021 hielten 74 % der Befragten die Bundeswehr für eine wichtige Institution für Deutschland, 83 % hatten eigener Aussage nach eine grundsätzlich positive Einstellung (sehr positiv, positiv, eher positiv) zur Bundeswehr und 59 % gaben an, dass die Bundeswehr bei ihnen persönlich ein „hohes" oder „eher hohes Ansehen" genießt (Graf et al. 2022, 132) – auch wenn die zunehmend zutage tretende mangelnde Einsatzfähigkeit dem Vertrauen nicht unbedingt nützt (ARD-DeutschlandTrend 2023). Ebenfalls legt die seit den 1980ern hohe öffentliche Unterstützung für die deutsche NATO-Mitgliedschaft nahe, dass eine generelle Ablehnung von Streitkräften im Sinne eines strikten Pazifismus schlicht nicht zutreffend ist (Hellmann et al. 2014, 184 f.).

Deutlich differenzierter ist das Meinungsbild in Bezug auf die Streitkräfte als Instrument der Außen- und Sicherheitspolitik. Einerseits besteht Umfragedaten aus dem Jahr 2021 zufolge eine deutliche Präferenz für nichtmilitärische Instrumente wie Diplomatie (84 %), Rüstungskontrolle (72 %), Entwicklungshilfe (70 %) und Wirtschaftssanktionen (61 %), deren Einsatz starke Mehrheiten befürworten. Andererseits zeigen die Daten auch, dass die Bevölkerung Auslandseinsätze nicht pauschal ablehnt, sondern zwischen unterschiedlichen Typen unterscheidet. Während deutliche Mehrheiten Stabilisierungs- (57 %) und Ausbildungseinsätze (60 %) befürworten, unterstützen nur 34 % der Befragten Kampfeinsätze. Allerdings lehnen auch nur 32 % solche Einsätze ab, 32 % sind unentschieden. Wie Timo Graf feststellt, bestand sogar in Bezug auf die bisher blutigste Mission der Bundeswehr in Afghanistan „eine im Durchschnitt eher positive Grundhaltung zum Einsatz" (Graf 2021, 420).

Fragt man die Bevölkerung danach, welche Aufgaben zum Spektrum der Bundeswehr gehören sollten, so muss das Bild einer prinzipiell pazifistischen oder auch nur antimilitaristischen Bevölkerung noch mehr differenziert werden. Von einer antimilitaristischen, und erst recht einer pazifistischen, Bevölkerung müsste man erwarten, dass sie zumindest Kampfeinsätze im Ausland mehrheitlich ablehnt, jedoch findet sich zumindest nach ZMSBw-Daten eine prinzipielle Unterstützung für ein breites Aufgabenspektrum der Bundeswehr, von der Landesverteidigung (86 %) bis zu Kampfeinsätzen im Ausland (53 %). Tatsächlich zeigen Studien, dass das Meinungsbild zu konkreten sicherheitspolitischen Problemlagen und den anzuwendenden Instrumenten in Deutschland, wie in anderen Ländern auch, von verschiedenen Faktoren beeinflusst wird, zu denen neben politischen Grundorientierungen wie Pazifismus/Militarismus u. a. Faktoren wie etwa parteipolitische und ideologische Positionen, der Kenntnisstand über konkrete Einsätze sowie der wahrgenommene Erfolg oder Misserfolg bestimmter Einsätze zählen (Mader/Fiebig 2015; Steinbrecher et al. 2021; Steinbrecher/Wanner 2021).

Ein ähnlich differenziertes Bild scheint sich auch in Bezug auf den Ukrainekrieg herauszukristallisieren. Umfragedaten der Friedrich-Ebert-Stiftung vom Juni 2022 nach sind zwei Drittel der Befragten dagegen, dass Deutschland militärisch in Konflikte eingreift (FES 2022). Angesichts des engen zeitlichen Zusammenhangs und der Medienpräsenz des Ukrainekriegs liegt es nahe, dass hier v. a. ein militärisches Eingreifen in diesen Konflikt gemeint ist. Demgegenüber hielten dem ARD-DeutschlandTrend (2023) zufolge 52 % der Befragten im Februar 2023 die Entscheidung der Bundesregierung, Kampfpanzer an die Ukraine zu liefern, für richtig.

Fazit

Die Frage, ob Russlands Angriff auf die Ukraine zum Totengräber des deutschen Pazifismus wird, schießt schon allein deswegen am Ziel vorbei, da sie auf einer falschen Prämisse beruht. Untersuchungen legen nahe, dass 30 Jahre nach Ende des Kalten Kriegs nicht von einem deutschen Pazifismus im strikten Sinne gesprochen werden kann. Selbst die vielbeschworene antimilitaristische Kultur muss vor dem Hintergrund aktueller Umfragen deutlich differenzierter gesehen werden.

Allerdings scheint sich der russische Überfall zumindest kurzfristig in einer verstärkten Präferenz für ein aktives deutsches Engagement in der internationalen Sicherheitspolitik niedergeschlagen zu haben. Insofern liegt die zögerliche Politik Berlins in Bezug auf die Unterstützung der Ukraine, v. a. mit Waffenlieferungen, wahrscheinlich nicht so sehr in einem naiven Pazifismus der deutschen Bevölkerung begründet, sondern ist außenpolitischen Eliten geschuldet. Woher sie rührt, darüber lässt sich nur spekulieren. Falsche Annahmen über eine „vorsichtige Distanz zu allem Militärischen" des Volkes, wie Bundespräsident Horst Köhler (2005) es nannte, antimilitaristische (und teilweise anti-amerikanische) Positionen in der SPD und Ängste vor einer Eskalation spielen dabei möglicherweise ebenso eine Rolle wie ein generell reaktiver Politikstil, überholte Ideen von Ostpolitik und Interessenausgleich mit Russland sowie handfeste Wirtschaftsinteressen (Fix 2021; Heinemann-Grüder 2022).

Literatur

ARD-DeutschlandTrend (2023): Zustimmung zur „Leopard"-Lieferung, 02.02.2023, https://www.tagesschau.de/inland/deutschlandtrend/deutschlandtrend-3287.html [Zugriff: 03.02.2023].

Bald, Detlef (2002): Die Reform des Militärs in der Ära Adenauer, in: Geschichte und Gesellschaft 28, 204–232.

Berger, Thomas U. (1998): Cultures of Antimilitarism: National Security in Germany and Japan, Baltimore.

Böller, Florian (2022): Fuelling Politicisation: The AfD and the Politics of Military Interventions in the German Parliament, in: German Politics, https://doi.org/10.1080/09644008.2022.2072489.

Eberle, Jakub (2022): Germany Has Never Been a Pacifist Power, in: Foreign Policy, 04.04.2022, https://foreignpolicy.com/2022/04/04/germany-pacifism-military-defense-ukraine-war-scholz [Zugriff: 27.01.2023].

FES – Friedrich Ebert Stiftung (2022): Umfrage: Deutsche Außenpolitik nach der Zeitenwende, https://www.fes.de/themenportal-die-welt-gerecht-gestalten/frieden-und-sicherheit/zeitenwende-sicherheitspolitik/artikelseite-ukraine/umfrage-deutsche-aussenpolitik-nach-der-zeitenwende [Zugriff: 27.01.2023].

Fiala, Andrew (2021): Pacifism, in: Stanford Encyclopedia of Philosophy, https://plato.stanford.edu/archives/fall2021/entries/pacifism [Zugriff: 27.01.2023].

Fix, Liana (2021): Germany's Role in European Russia Policy: A New German Power?, London.

Geis, Anna (2021): The Ambivalence of (Not) Being in a ‚War': The ‚Civilian Power' Germany and the ‚Stabilization Operation' in Afghanistan, in: Ish-Shalom, Piki (Hrsg.): Concepts at Work: On the Linguistic Infrastructure of World Politics, Ann Arbor, 65–90.

Graf, Timo (2021): Freundliches Desinteresse als Bilanz? Die Einstellung der Deutschen zum Bundeswehreinsatz in Afghanistan auf dem Prüfstand, in: Zeitschrift für Außen- und Sicherheitspolitik 14, 411–436.

Graf, Timo/Steinbrecher, Markus/Biehl, Heiko et al. (2022): Sicherheits- und verteidigungspolitisches Meinungsbild. Ergebnisse und Analysen der Bevölkerungsbefragung 2021. ZMSBw-Forschungsbericht 131. Potsdam, https://zms.bundeswehr.de/resource/blob/5399778/eb95a351931c130bdfd542832bd53091/download-bevbefr-2021-forschungsbericht-data.pdf [Zugriff: 27.01.2023].

Heinemann-Grüder, Andreas (2022): Russland-Politik in der Ära Merkel, in: SIRIUS – Zeitschrift für Strategische Analysen 6, 359–372.

Hellmann, Gunther/Wagner, Wolfgang/Baumann, Rainer (2014): Deutsche Außenpolitik. Eine Einführung, 2. Aufl., Wiesbaden.

Kimminich, Otto (1984): Was heißt Kollektive Sicherheit? Völkerrechtliche Aspekte der Kollektiven Sicherheit in und für Europa, in: Sicherheit und Frieden/Security and Peace 2, 5–12.

Köhler, Horst (2005): Rede auf der Kommandeurtagung der Bundeswehr, gehalten am 10.10.2005, Bonn.

Körber-Stiftung (2014): Einmischen oder zurückhalten? Ergebnisse einer repräsentativen Umfrage von TNS Infratest Politikforschung zur Sicht der Deutschen auf die Außenpolitik, Hamburg.

Körber-Stiftung (2017): The Berlin Pulse 2017: German Foreign Policy in Perspective, Hamburg.

Körber-Stiftung (2019): The Berlin Pulse 2018/19: German Foreign Policy in Perspective, Hamburg.

Körber-Stiftung (2020): The Berlin Pulse 2019/20: German Foreign Policy in Perspective, Hamburg.

Körber-Stiftung (2022a): The Berlin Pulse 2021/22: German Foreign Policy in Perspective, Hamburg.

Körber-Stiftung (2022b): Sonderumfrage The Berlin Pulse März 2022, https://koerber-stiftung.de/projekte/the-berlin-pulse/sonderumfrage-2022 [Zugriff: 27.01.2023].

Körber-Stiftung (2022c): The Berlin Pulse 2022/23. German Foreign Policy in Perspective, Hamburg.

Lagassé, Philippe/Mello, Patrick A. (2018): The Unintended Consequences of Parliamentary Involvement: Elite Collusion and Afghanistan Deployments in Canada and Germany, in: The British Journal of Politics and International Relations 20, 135–157.

Lahusen, Christian (2013): Soziale Bewegungen, in: Mau, Steffen/Schöneck, Nadine M. (Hrsg.): Handwörterbuch zur Gesellschaft Deutschlands, Wiesbaden, 717–729.

Mader, Matthias (2017): Öffentliche Meinung zu Auslandseinsätzen der Bundeswehr. Zwischen Antimilitarismus und transatlantischer Orientierung, Wiesbaden.

Mader, Matthias/Fiebig, Rüdiger (2015): Determinanten der Bevölkerungseinstellungen zum Afghanistaneinsatz. Prädispositionen, Erfolgswahrnehmungen und die moderierende Wirkung individueller Mediennutzung, in: Biehl, Heiko/Schoen, Harald (Hrsg.): Sicherheitspolitik und Streitkräfte im Urteil der Bürger, Wiesbaden, 97–122.

Maull, Hanns W. (1990): Germany and Japan: The New Civilian Powers, in: Foreign Affairs 69, 91–106.

Meiers, Franz-Josef (2010): Von der Scheckbuchdiplomatie zur Verteidigung am Hindukusch. Die Rolle der Bundeswehr bei multinationalen Auslandseinsätzen 1990–2009, in: Zeitschrift für Außen- und Sicherheitspolitik 3, 201–222.

Mello, Patrick A. (2019): Von der Bonner zur Berliner Republik: Die ‚Zivilmacht' Deutschland im Spiegel parlamentarischer Debatten zu Auslandseinsätzen der Bundeswehr, 1990 bis 2018, in: Brummer, Klaus/Kießling, Friedrich (Hrsg.): Zivilmacht Bundesrepublik? Bundesdeutsche außenpolitische Rollen vor und nach 1989 aus politik- und geschichtswissenschaftlichen Perspektiven, Baden-Baden, 295–316.

Rathbun, Brian C. (2006): The Myth of German Pacifism, in: German Politics & Society 24, 68–81.

Scholz, Olaf (2022) Regierungserklärung des Bundeskanzlers zur aktuellen Lage, in: Deutscher Bundestag, Parlamentsprotokoll, 20. Legislaturperiode, 19. Sitzung, 27.02.2022, 1350–1355.

Schwab-Trapp, Michael (2002): Kriegsdiskurse. Die politische Kultur des Krieges im Wandel 1991–1999, Opladen.

Steinbrecher, Markus/Graf, Timo/Biehl, Heiko, et al. (2021) Sicherheits- und verteidigungspolitisches Meinungsbild in der Bundesrepublik Deutschland. Ergebnisse und Analysen der Bevölkerungsbefragung 2020. ZWSBw-Forschungsbericht 128. Potsdam, https://www.bundeswehr.de/resource/blob/5036360/dd413dbbd10610484755c6f4fbfbaa93/download-fober-128-data.pdf [Zugriff: 27.01.2023].

Steinbrecher, Markus/Wanner, Meike (2021): Alles eine Frage des Erfolgs? Einstellungen zum internationalen Engagement Deutschlands und zum Einsatz in Afghanistan, in: Maurer, Jochen/Rink, Martin (Hrsg.): Einsatz ohne Krieg? Die Bundeswehr nach 1990 zwischen politischem Auftrag und militärischer Wirklichkeit. Militärgeschichte, Sozialwissenschaften, Zeitzeugen, Göttingen, 257–279.

Stengel, Frank A. (2020): The Politics of Military Force: Antimilitarism, Ideational Change and Post-Cold War German Security Discourse, Ann Arbor.

Troche, Alexander (2000): "Ich habe nur die Hoffnung, dass der Kelch an uns vorübergeht ...": Der Zypernkonflikt und die erste deutsche Out-of-area-Entscheidung, in: Historisch-politische Mitteilungen 7, 183–195.

Von Schubert, Klaus (1970): Wiederbewaffnung und Westintegration. Die innere Auseinandersetzung um die militärische und außenpolitische Orientierung der Bundesrepublik 1950–1952, 2. Aufl., Stuttgart.

Wagner, Wolfgang (2020): The Democratic Politics of Military Interventions: Political Parties, Contestation, and Decisions to Use Force Abroad, Oxford.

Zeit für eine feministische Wende in der Außenpolitik?

Jennifer Menninger

Durch die Ampelkoalition wurde feministische Außenpolitik zu einem Schwerpunktthema des Auswärtigen Amts (AA). In ihrer Rede zum Weltfrauentag 2022 machte Bundesministerin des Auswärtigen Annalena Baerbock deutlich, dass feministische Außenpolitik kein „Frauenthema" ist (Baerbock 2022a). Es geht um den Abbau von struktureller Diskriminierung und die Beseitigung der Benachteiligung von Frauen, Kindern und marginalisierten Gruppen. Erst dadurch können Frieden und Sicherheit dauerhaft erreicht werden. Gestützt wird diese Aussage von Studien, die einen Zusammenhang zwischen Geschlechtergerechtigkeit, Sicherheit und Frieden aufzeigen. So fördert ein Staat, der innenpolitisch Gleichberechtigung vorantreibt, damit gleichzeitig seine Entwicklung und Sicherheit (Hudson et al. 2020). Außerdem greifen Staaten, die sich stark im eigenen Land für Geschlechtergerechtigkeit einsetzen, seltener zu militärischen Mitteln, um internationale Konflikte zu lösen (Caprioli 2000). Die skandinavischen Staaten setzen sich schon lange global für Gleichberechtigung, Menschenrechte und damit verbunden für die Bereitstellung von humanitärer Hilfe und Entwicklungsgeldern ein. Dadurch trugen sie nachweislich zu einer Veränderung des internationalen Systems zugunsten von Menschenrechten, Frieden und globaler Sicherheit bei (Carlson-Rainer 2017). Ebenso trägt die Umsetzung der UN-Resolution 1325 „Frauen, Frieden, Sicherheit" zu mehr Frieden und Sicherheit bei, zu deren zentralen Forderungen die Beteiligung von Frauen am Verhandlungstisch gehört. Die Teilnahme von Frauen erhöht die Wahrscheinlichkeit, dass ein Friedensabkommen eingehalten wird, um 20 % und die, dass es 15 Jahre halten wird, sogar um 35 % (UN Women 2015).

Dass Namibia als nicht-ständiges Mitglied im UN-Sicherheitsrat die Resolution 1325 am 31. Oktober 2000 einbrachte, ist kein Zufall. Neben der engen Zusammenarbeit mit der feministischen Zivilgesellschaft spielte auch die eigene Erfahrung eine Rolle. Nachdem Namibia 1990 die Unabhängigkeit erlangte, wurde die UN Transition Assistance Group (UNTAG) beauftragt, den Übergangsprozess in dem Land zu beobachten und zu begleiten. Die Mission repräsentierte eine neue Generation des UN-Peacekeeping und besaß eine große zivile Komponente. Etwa 40 % der Posten wurden von Frauen besetzt. Sowohl die hohe Sichtbarkeit von Frauen als auch die Tatsache, dass die Belange von Frauen stärker berücksichtigt wurden, trugen zu einer hohen Akzeptanz der Mission seitens der namibischen Bevölkerung bei (Lahoud 2020). Geschlechtergerechtigkeit, Inklusion und Diversität sollten politischen Entscheidungsträger:innen jedoch nicht als Mittel zum Zweck dienen. Sie gehören zur Basis einer liberalen Demokratie.

Mit Blick auf die *Zeitenwende* stellt sich die Frage, ob es der Bundesregierung gelingen kann, eine feministische Außenpolitik glaubwürdig umzusetzen. Der russische Angriffskrieg bringt enorme globale Herausforderungen mit sich und erfordert schnelles Handeln. Mittel- und langfristig angelegte Maßnahmen und Politiken, wie eine feministische Außenpolitik, dürfen dadurch keine Nebensache werden. Denn eine feministische Außenpolitik hat zum Ziel, globale Krisen und Konflikte nachhaltig zu bearbeiten. Bevor auf inhaltliche Schwerpunkte einer feministischen Außenpolitik Deutschlands näher eingegangen wird, wird zunächst geklärt, wie Außenpolitik feministisch wird und was dabei zu beachten ist.

Feminismus ist nicht gleich Feminismus

Grundsätzlich sollte zwischen feministischen Strömungen unterschieden werden, die auf das Programm einer feministischen Außenpolitik Einfluss ausüben können. Aktuell dominieren insbesondere der liberale, der radikale und der intersektionale Feminismus den Diskurs. Ein liberaler Feminismus zielt vor allem darauf ab, Frauen in das bestehende (Wirtschafts-)System zu integrieren und ihnen mehr Rechte und Ressourcen zu verschaffen. Ein radikaler Feminismus betont Unterschiede zwischen Frauen (Weiblichkeit) und Männern (Männlichkeit) und möchte Frauen vor männlicher Gewalt bewahren. Zu wichtigen politischen Forderungen gehören daher die Freierbestrafung (Nordisches Modell), das Verbot von Pornografie und der Ausschluss von Männern und Transfrauen aus weiblich definierten Räumen. Inzwischen hat sich durch den radikalen Feminismus eine eurozentrische Rettungsindustrie für Frauen und Mädchen etabliert, die sexuelle Ausbeutung verhindern soll. Für Vertreter:innen des intersektionalen Feminismus ist dies jedoch kontraproduktiv. Es sollten stattdessen ausbeuterische Arbeitsverhältnisse, diskriminierende Migrationspolitiken und unfaire Handelsbeziehungen problematisiert werden (Morton et al. 2020). Aus intersektionaler Sicht müssen Ausschlüsse und Diskriminierung aufgrund von Geschlechtszugehörigkeit, Klasse, Ethnie, Nationalität, Behinderung, Sexualität und anderen Kategorien kontextspezifisch beseitigt werden. Dazu zählen auch die Machtungleichheiten innerhalb der feministischen Theorie und Praxis.

Unter Federführung des AA wird derzeit ein Strategiepapier zur Umsetzung einer feministischen Außenpolitik erarbeitet. Mit Staatsminister Tobias Lindner ist eine Person für das Thema zuständig, die zeigt, dass auch Männer feministische Außenpolitik zu einer „Selbstverständlichkeit" machen können (Lindner 2022). Die Bundesregierung orientiert sich an den „3 R" der ehemaligen schwedischen Außenministerin und Begründerin feministischer Außenpolitik, Margot Wallström. Jedoch wurde ein „D" ergänzt, um einen inklusiven, intersektionalen Ansatz zu betonen. Folglich will die Bundesregierung „Rechte, Ressourcen und Repräsentanz von Frauen und Mädchen weltweit stärken und gesellschaftliche Diversität fördern"

(SPD/Grüne/FDP 2021, 114). Neben dem Vorbild Schweden gibt es mittlerweile eine ganze Reihe von Staaten, darunter auch Kanada, Frankreich und Mexiko, die ihre Außenpolitik oder Teilbereiche davon mit dem Adjektiv „feministisch" schmücken. Insbesondere die Entwicklungszusammenarbeit stellt dabei ein beliebtes Gebiet dar, denn anders als Außen-, Sicherheits- und Verteidigungspolitik gilt sie nicht als ein typischer „Spielplatz für starke Männer". Kanada setzt seit 2017 eine „Feminist International Assistance Policy" um. Eines ihrer Ziele ist, bis 2021/22 nicht weniger als 95 % aller Gelder im Bereich Entwicklungszusammenarbeit entweder direkt für die Gleichstellung der Geschlechter und das Empowerment von Frauen und Mädchen auszugeben oder sie als Teilaspekte zu berücksichtigen (Government of Canada 2017). Bei der feministischen Außenpolitik Frankreichs liegt der Fokus auf der Diplomatie. Wenn jedoch andere Bereiche der Außen- und Sicherheitspolitik ausgeblendet werden, läuft dies dem feministischen Verständnis zuwider, ein ganzheitlicher Ansatz zu sein. Immerhin hat bereits das Bundesministerium für wirtschaftliche Zusammenarbeit und Entwicklung (BMZ) unter der Führung von Ministerin Svenja Schulze im Februar 2022 eine feministische Entwicklungspolitik angekündigt. Strukturelle Ungleichheiten, Ungleichbehandlung und Diskriminierung sollen damit langfristig beseitigt werden, wozu auch rassistische Strukturen und Machtverhältnisse zählen (BMZ 2022). Allerdings erarbeitet das BMZ parallel zum AA ein eigenes Papier. Es bleibt abzuwarten, ob sich beide Dokumente schließlich sinnvoll ergänzen werden. Um eine feministische Außenpolitik als Querschnittsaufgabe zu begreifen, ist eine enge Zusammenarbeit und Abstimmung der einzelnen Ministerien notwendig.

Frankreich richtete 2021 gemeinsam mit Mexiko das „Generation Equality Forum" von UN Women aus. In diesem Rahmen verkündete Mexiko als erstes Land im globalen Süden eine feministische Außenpolitik. Trotz aller Skepsis mit Blick auf die hohe Anzahl von Femiziden im eigenen Land sticht bei Mexikos Ansatz die Intersektionalität heraus. Ebenso bekräftigt Mexiko zusammen mit Frankreich, dass eine Umsetzung feministischer Außenpolitik kohärent zur Innenpolitik sein muss. Allgemein birgt eine feministische Außenpolitik die große Gefahr, paternalistisch zu sein und damit in den Ländern, in denen sie umgesetzt wird, mehr Schaden als Nutzen anzurichten. Zudem dürfen in dem Prozess die unterschiedlichen Interessen von progressiven Eliten, Wirtschaftsunternehmen, Staatsrepräsentant:innen, der Zivilgesellschaft sowie von Frauen, Mädchen und marginalisierten Gruppen nicht unsichtbar gemacht werden (Zhukova et al. 2022). Denn gerade hier muss eine feministische Analyse ansetzen und ungleiche Machtverhältnisse thematisieren. Doch welche inhaltlichen Schwerpunkte könnte eine feministische Außenpolitik Deutschlands verfolgen? Was in der laufenden Legislaturperiode noch angegangen werden sollte und wo bereits Gelegenheiten verpasst wurden, wird nun dargelegt.

Wessen Sicherheit zählt?

Feministische Außenpolitik wurde von Baerbock in ihrer Auftaktrede zur Entwicklung einer Nationalen Sicherheitsstrategie nicht erwähnt. Einige Bestandteile lassen sich jedoch zwischen den Zeilen erkennen. So machte Baerbock deutlich, dass „Sicherheitspolitik mehr ist als Militär plus Diplomatie" (Baerbock 2022b). Zentral ist menschliche Sicherheit. Dieses Konzept entstand bereits in den 1990er Jahren im Kontext der UN und versucht Antworten auf gleichzeitige, sich gegenseitig verstärkende Krisen und Konflikte zu finden. Dazu zählt Baerbock in ihrer Rede – neben dem russischen Angriffskrieg auf die Ukraine – den Klimawandel, Hunger, Armut, Migration, die Energieversorgung, autokratische und diktatorische Regime und offensive Cyberoperationen. All diese Herausforderungen gefährden nicht nur die Sicherheit von Staaten, sondern von allen Individuen, die in ihnen leben. Dementsprechend geht es bei menschlicher Sicherheit um die Anerkennung der Würde jedes Menschen. Feministische Analysen kritisieren jedoch, dass menschliche Sicherheit allzu oft in Form von Top-down-Maßnahmen umgesetzt wird. Menschen werden nicht ausreichend in die Lage versetzt, ihr Leben selbstbestimmt zu führen und sich an Entscheidungsprozessen qualitativ beteiligen zu können (CFFP und WILPF Deutschland 2021). Davon abgeleitet wäre ein klarer Auftrag für die Bundesregierung, genauer hinzuschauen, ob ihre Politik tatsächlich Menschen empowered (ermächtigt) oder sie in bestehende Projekte und Strategien inkludiert.

Die adäquate Verteilung von Ressourcen zur Umsetzung einer feministischen Außenpolitik ist essenziell. Während für die Bundeswehr ein Sondervermögen von 100 Milliarden Euro verabschiedet wurde, sieht der Entwurf des Bundeshaushalts 2023 vor, die Etats des AA und des BMZ deutlich zu kürzen. Unter den gekürzten Ausgaben befinden sich Maßnahmen für „Krisenbewältigung, Wiederaufbau, Infrastruktur", das Welternährungsprogramm und multilaterale Ausgaben (Goltermann 2022). Das ist erstaunlich, da gerade diese Maßnahmen zum Erhalt menschlicher Sicherheit notwendig sind und Multilateralismus das Herzstück feministischer Außenpolitik ist. Solch eine Finanzplanung widerspricht zudem der Ankündigung im Koalitionsvertrag, die Ausgaben für Krisenprävention, Humanitäre Hilfe, Auswärtige Kultur- und Bildungspolitik und Entwicklungszusammenarbeit im Maßstab eins-zu-eins mit den Ausgaben für Verteidigung zu erhöhen (SPD/Grüne/FDP 2021). Dieses Vorhaben führt zu einer Bevorzugung harter Sicherheitspolitik und steht mit einer feministischen Außenpolitik im Widerspruch.

Erhöhte Ausgaben für den Multilateralismus wären gerade jetzt sehr wichtig, da dieser in einer tiefen Krise steckt. Nicht unschuldig ist dabei der UN-Sicherheitsrat. Seine Zusammensetzung hat sich seit der Gründung nicht grundlegend geändert. Die fünf ständigen Mitglieder blockieren mit ihrem Vetorecht regelmäßig Entscheidungen zum Erhalt von Frieden und Sicherheit. Darüber hinaus können sie sich mit einem Veto der eigenen Verantwortung entziehen, wie dies beim russischen Angriffskrieg auf die Ukraine der Fall ist. Spätestens jetzt ist es angebracht, diese Struktur zu transformieren. Deutschland sollte sich daher engagierter für eine Demokratisierung der UN und die Schaffung von mehr Transparenz und Verantwortlichkeit einsetzen. Liechtenstein könnte dafür ein gutes Beispiel sein. Im April verabschiedete die UN-Generalversammlung ohne Abstimmung die von Liechtenstein eingebrachte „Veto-Initiative". Dadurch befasst sich die UN-Generalversammlung von nun an automatisch mit einer Entscheidung des Sicherheitsrats, sollte eine Resolution aufgrund eines Vetos eines ständigen Mitglieds scheitern (United Nations 2022).

Um strukturelle Ungleichheit grundlegend zu beseitigen, muss die Bundesregierung auch die Dekolonisierung ihrer Asyl- und Migrationspolitik stärker angehen. Hier ist viel zu tun, angefangen mit der massiven Ungleichbehandlung von Geflüchteten aus unterschiedlichen Herkunftsländern bis hin zu den Menschenrechtsverletzungen an den EU-Außengrenzen. Noch immer warten viele ehemalige Ortskräfte in Afghanistan darauf, das Land auf sicherem Wege verlassen zu können. Bei der Aufarbeitung des Einsatzes muss daher auch beantwortet werden, warum die warnenden Stimmen der lokalen Zivilgesellschaft vor dem Abzug nicht ernster genommen wurden und weshalb die Ausreise von Ortskräften und Aktivist:innen nicht parallel zum Abzug der Bundeswehr organisiert wurde. Eine feministische Außenpolitik erfordert generell einen kritischeren Blick auf Militärinterventionen und sollte diese nur als letztes Mittel begreifen. Gerade in Afghanistan wurde deutlich, dass eine fehlende Strategie und erhöhte Ansprüche der politischen Entscheidungsträger:innen sowohl das Leben der lokalen Bevölkerung als auch der Bundeswehrsoldat:innen gefährdeten. Die Verteidigungspolitik darf sich ebenso wie die Innenpolitik nicht abseits einer feministischen Außenpolitik abspielen.

Es gibt verschiedenen Meinungen dazu, ob Abrüstung Bestandteil einer feministischen Außenpolitik ist. Aus zivilgesellschaftlicher Perspektive gehört sie spätestens seit dem Ersten Internationalen Frauen-Friedenskongress im Jahr 1915 in Den Haag dazu. Eine Hauptforderung des Kongresses war weltweite Abrüstung (Schuchard 2015, 28). Für Baerbock sind „Abrüstung und Rüstungskontrolle komplementär zu Abschreckung und Verteidigung" (Baerbock 2022b) zu denken. Doch während Bundeskanzler Olaf Scholz in seiner Rede zur *Zeitenwende* die Bewaffnung der Heron TP Drohnen und die Anschaffung von F-35 Kampfjets ankündigte, sind die Schritte in Richtung Abrüstung und Rüstungskontrolle eher zaghaft. Mit der Anschaffung der Kampfjets wurde die nukleare Teilhabe für die nächsten Jahre, wenn nicht Jahrzehnte, sichergestellt. Bei der Ersten Staatenkonferenz zum Atomwaffenverbotsvertrag im Juni 2022 beharrte Deutschland auf der Position, erst dem Vertrag beizutreten, wenn alle Nuklearwaffen-Staaten ernsthafte Abrüstungsschritte unternehmen würden. Ähnlich verhält es sich mit einem Verbot von autonomen Waffensystemen. Während 23 andere Staaten im März 2022 eine Initiative voranbrachten, um ein baldiges Verbot solcher Waffensysteme auszuarbeiten, entschied sich Deutschland für einen Alleingang mit Frankreich und forderte lediglich ein normatives Rahmenwerk (Anand/Puscas 2022). Dies reicht jedoch nicht aus, gerade wenn sich die deutsche feministische Außenpolitik Diversität auf die Fahne schreibt. Autonome Waffensysteme bringen viele ethische und rechtliche Fragen mit sich. Unter anderem sind die diskriminierenden Algorithmen aufgrund von Geschlecht, Hautfarbe und anderen Merkmalen bei der Entwicklung dieser Waffensysteme ein großes Problem (Ramsay-Jones 2020). Insgesamt ist die Digitalisierung der Kriegsführung auch ein feministisches Thema. Offensive Cyberoperationen können aufgrund der schwer einzuschätzenden Folgen beispielsweise versehentlich zivile Infrastruktur wie Krankenhäuser, Strom- und Wasserversorgungsanlagen beeinträchtigen. Daher weist der *Atlas der Zivilgesellschaft 2022* (Brot für die Welt 2022) zu Recht darauf hin, dass Deutschlands Entscheidungen im digitalen Raum weltweit wirken. Dies betrifft nicht nur das Horten von Schwachstellen in IT-Systemen für Cyberoperationen, sondern auch Überwachungstechnologien und automatische Upload-Filter. Beide schränken die freie Meinungsäußerung ein, wovon auch Journalist:innen und die Zivilgesellschaft betroffen sind. Eine feministische Außenpolitik Deutschlands sollte daher der Militarisierung und Verengung des digitalen Raums vehementer entgegentreten.

Im Bereich der Handelspolitik ist in diesem Rahmen auch die Rüstungsexportpolitik kritisch zu betrachten. Während gerade eifrig ein Rüstungsexportkontrollgesetz geschrieben wird, um Menschenrechtsverletzungen aufgrund deutscher Rüstungsexporte einzudämmen, verdoppelte sich der Wert der Rüstungsexportgenehmigungen im ersten Halbjahr 2022 nahezu im Vergleich zum Vorjahr. Er beträgt 4,14 Milliarden Euro (2021: 2,3 Mrd.) (BMWK 2022). Dieser Anstieg ist vorrangig auf die Waffenexporte in die Ukraine zurückzuführen. Sie wird dabei unterstützt, ihr Recht auf Selbstverteidigung auszuüben. Unter den zehn Staaten mit den höchsten Einzelausfuhrgenehmigungswerten befindet sich jedoch auch ein Land wie Brasilien an achter Stelle. Trotz des rechtspopulistischen Präsidenten Jair Bolsonaro wurden Rüstungsgüter im Wert von ca. 85 Millionen Euro in das Land exportiert. Eine der ersten Amtshandlungen von Bolsonaro war, per Dekret den Waffenbesitz zu lockern. Generell ist Bolsonaros Politik dafür bekannt, Frauen, Afroamerikaner:innen, Indigene und LGBTQI*-Personen strukturell zu benachteiligen. Gerade weil sich das AA neben einer feministischen Außenpolitik auch den Klimaschutz als Priorität gesetzt hat, ist der Rüstungsexport schwerverständlich. Wegen des massiven Anstiegs bei der Abholzung des Regenwalds steht Bolsonaro seit seinem Amtsantritt in der Kritik und wurde inzwischen von einer Umweltschutzorganisation vor dem Internationalen Strafgerichtshof angezeigt (Shelton 2021).

Eine feministische Außenpolitik sollte allerdings nicht nur Kooperationen mit autoritären und diktatorischen Regimen hinterfragen.

Auch bei Bündnispartner:innen muss genauer hingeschaut werden, wenn sie Frauen- und Menschenrechte einschränken. So entschied sich Deutschland trotz Bedenken der Zivilgesellschaft im April 2019 dafür, als nicht-ständiges Mitglied im Sicherheitsrat Resolution 2467 zur Beendigung sexueller Gewalt in Konflikten einzubringen. Der Entwurf wurde zuvor von der US-Regierung unter Trump abgeschwächt, um Überlebenden den Zugang zu reproduktiver Gesundheit zu verwehren. Dies geschah zwar vor der Verkündung einer feministischen Außenpolitik, doch werden reproduktive und sexuelle Rechte zugunsten sogenannter traditioneller Familienwerte weiterhin weltweit abgebaut. Bei den Akteur:innen dahinter handelt es sich um NGOs, Stiftungen, religiöse Organisationen und politische Parteien vorrangig aus den USA, Russland und Europa (Datta 2021). Das große Narrativ hinter der *Zeitenwende*, wachsende politische Spannungen zwischen liberalen Demokratien und autoritären Regimen führten zu einer bipolaren Welt, ist angesichts solcher komplexer Zusammenspiele schwer haltbar. Eine kohärente feministische Außenpolitik hätte spätestens die Entscheidung des US Supreme Court, den Präzedenzfall „Roe vs. Wade" im Juni 2022 zu kippen, deutlicher kritisieren und das Phänomen in den globalen Kontext einordnen müssen. Darüber hinaus fehlt es an Eigeninitiative, Schwangerschaftsabbrüche in Deutschland zu entkriminalisieren. Bei einer feministischen Außenpolitik geht es darum, mit gutem Beispiel voranzugehen und eine kohärente Außen- und Innenpolitik zu betreiben. Dabei ist die Fähigkeit der empathischen Reflexivität unverzichtbar (WILPF Deutschland 2021).

Fazit

Eine feministische Außenpolitik lässt sich nicht von heute auf morgen umsetzen, doch blieben seit der *Zeitenwende* einige Gelegenheiten ungenutzt. Das Festhalten an alten Verhaltensmustern verleitete die Bundesregierung dazu, eine harte Sicherheitspolitik, enge Handelsbeziehungen mit autokratischen Regimen und einen paternalistischen Umgang mit Staaten im globalen Süden fortzuführen. Im Vergleich dazu würde eine tatsächliche *Zeitenwende* im feministischen Sinne die Ursachen von Krieg, Gewalt und sozialer Ungleichheit kontextspezifisch analysieren und möglichst präventive Maßnahmen ergreifen. Letztendlich könnten nicht nur Deutschland und verbündete Staaten durch eine feministische Außenpolitik mehr Sicherheit und Frieden erlangen, sondern die gesamte Weltgemeinschaft.

Literatur

Anand, Alisha/Ioana Puscas (2022): Proposals Related to Emerging Technologies in the Area of Lethal Autonomous Weapons Systems. A Resource Paper, Genf.

Baerbock, Annalena (2022a): Auftaktimpuls von Außenministerin Annalena Baerbock für die Veranstaltung ‚Geschlechtergleichstellung heute für ein nachhaltiges Morgen' anlässlich des Weltfrauentags 2022, am 07.03.2022, https://www.auswaertiges-amt.de/de/newsroom/-/2515802 [Zugriff: 13.07.2022].

Baerbock, Annalena (2022b): Außenministerin Annalena Baerbock bei der Auftaktveranstaltung zur Entwicklung einer Nationalen Sicherheitsstrategie, am 18.03.2022, https://www.auswaertiges-amt.de/de/newsroom/baerbock-nationale-sicherheitsstrategie/2517738 [Zugriff: 11.07.2022].

Brot für die Welt (2022): Atlas der Zivilgesellschaft 2022. Freiheit unter Druck. Schwerpunkt Digitalisierung, Berlin.

BMWK – Bundesministerium für Wirtschaft und Klimaschutz (2022): Rüstungsexportgenehmigungen im 1. Halbjahr 2022: 92 % der Genehmigungen gehen an enge Partnerländer – 562 Mio. Euro für Unterstützung der Ukraine, https://www.bmwk.de/Redaktion/DE/Pressemitteilungen/2022/07/20220701-rustungsexportgenehmigungen-im-1-halbjahr.html [Zugriff: 19.07.2022].

BMZ – Bundesministerium für wirtschaftliche Zusammenarbeit und Entwicklung (2022): Feministische Entwicklungspolitik, https://www.bmz.de/de/entwicklungspolitik/feministische-entwicklungspolitik [Zugriff: 27.01.2023].

Caprioli, Mary (2000): Gendered Conflict, in: Journal of Peace Research 37 (1), 51–68.

Carlson-Rainer, Elise (2017): Sweden Is a World Leader in Peace, Security, and Human Rights, in: World Affairs 180 (4), 79–85.

CCFP und WILPF Deutschland – Centre for Feminist Foreign Policy und Women's International League for Peace and Freedom Deutschland (2022): Wie militarisiert ist die deutsche Außenpolitik?, Berlin.

Datta, Neil (2021): Tip of the Iceberg: Religious Extremist-Funders against Human Rights for Sexuality & Reproductive Health in Europe 2009–2018, Brüssel.

Goltermann, Lukas (2022): Bundeshaushaltsentwurf 2023. Verband Entwicklungspolitik und Humanitäre Hilfe e. V., https://venro.org/fileadmin/user_upload/Dateien/Daten/Publikationen/Sonstige/VENRO_Analyse_Bundeshaushaltsentwurf_2023.pdf [Zugriff: 24.07.2022].

Government of Canada (2017): Canada's Feminist International Assistance Policy, https://www.international.gc.ca/world-monde/issues_development-enjeux_developpement/priorities-priorites/policy-politique.aspx?lang=eng [Zugriff: 15.07.2022].

Hudson, Valerie/Bowen, Donna Lee/Nielsen, Perpetua Lynne (2020): The First Political Order: How Sex Shapes Governance and National Security Worldwide, New York.

Lahoud, Nina (2020): What Fueled the Far-Reaching Impact of the Windhoek Declaration and Namibia Plan of Action as a Milestone for Gender Mainstreaming in UN Peace Support Operations and Where Is Implementation 20 Years Later?, in: Journal of International Peacekeeping 24, 1–52.

Lindner, Tobias (2022): Keynote von Staatsminister Tobias Lindner zur feministischen Außenpolitik, am 12.04.2022, https://www.auswaertiges-amt.de/de/newsroom/lindner-ffp/2522998 [Zugriff: 11.07.2022].

Morton, Sam E./Muchiri, Judyannet/Swiss, Liam (2020): Which Feminism(s)? For Whom? Intersectionality in Canada's Feminist International Assistance Policy, in: International Journal 75 (3), 329–348.

Ramsay-Jones, Hayley (2020): Intersectionality and Racism, in: Campaigner's Kit, Campaign to Stop Killer Robots, https://www.stopkillerrobots.org/wp-content/uploads/2020/02/2020_Campaigners-Kit_FINAL.pdf, 26–31.

Schuchard, Brigitte (Hrsg.) (2015): Frauen. Freiheit. Frieden. 100 Jahre Women's International League for Peace and Freedom, Internationale Frauenliga für Frieden und Freiheit, München.

Shelton, John (2021): ICC climate crimes suit filled against Brazil's Bolsonaro, in: Deutsche Welle, 10.12.2021 https://www.dw.com/en/icc-climate-crimes-suit-filed-against-brazils-bolsonaro/a-59480922 [Zugriff: 19.07.2022].

SPD/Grüne/FDP (2021): Mehr Fortschritt wagen. Bündnis für Freiheit, Gerechtigkeit und Nachhaltigkeit. Koalitionsvertrag zwischen SPD, Bündnis 90/Die Grünen und FDP, https://www.bundesregierung.de/breg-de/service/gesetzesvorhaben/koalitionsvertrag-2021-1990800 [Zugriff: 13.12.2022].

UN Women (2015): Women's Participation and a Better Understanding of the Political. Global Study on the Implementation of UN Security Council Resolution 1325, https://wps.unwomen.org/participation [Zugriff: 19.07.2022].

United Nations (2022): UN General Assembly Mandates Meeting in Wake of Any Security Council Veto, in: UN News, https://news.un.org/en/story/2022/04/1116982 [Zugriff: 22.07.2022].

WILPF Deutschland – Women's Internationale League for Peace and Freedom Deutschland (2021): Practicing Feminist Foreign Policy in the Everyday: A Toolkit, Berlin.

Zhukova, Ekatherina/Rosén Sundström, Malena/Elgström, Ole (2022): Feminist Foreign Policies (FFPs) as Strategic Narratives: Norm Translation in Sweden, Canada, France, and Mexico, in: Review of International Studies 48 (1), 195–216.

Zeitenwenden und Kriegsbilder

Ilhan Akcay[7]

'Cannae'. – kein Schlagwort ist uns so verderblich geworden – wie dieses.
(Seeckt 1929, 17; zit. nach Frieser 2012, 437)

Was 2008 im Kaukasuskrieg noch ignoriert werden konnte, führte mit der Annexion der Krim 2014 zu einem abrupten Umdenken in der deutschen Sicherheitspolitik. Landesverteidigung und Bündnisverteidigung, kurz LVBV, rückte wieder in den Fokus. Der russische Überfall auf die Ukraine im Februar 2022 leitete endgültig die *Zeitenwende* in der deutschen Sicherheitspolitik ein. Die Bundeswehr sollte so schnell wie möglich modernisiert werden, um gegen die Herausforderungen des modernen Krieges gewappnet zu sein und die Sicherheit Deutschlands sicherstellen zu können.

Diese Refokussierung auf LVBV scheint aber vor allem in eine Richtung zu gehen: mechanisierte Landoperationen, die sich am Beispiel des Zweiten Weltkrieges orientieren. Ein Blick in das Thesenpapier *Wie kämpfen Landstreitkräfte künftig* (Kdo H II 1 (2) Autorenteam 2017) zeigt, dass man im nächsten Krieg zwischen Nationen erwartet, worauf man sich bis 1989 vorbereitet hat: Gefechte im Fulda-Gap, aber mit Drohnen und Internet. Deutschlands Beteiligung an der Enhanced Forward Presence (eFP) und der Very High Readiness Joint Task Force (VJTF) der NATO machen diesen Umstand deutlich. Diese Beteiligungen bestehen im Kern aus Panzertruppen (also der Panzergrenadier- und Panzertruppe) und entsprechender Kampf-, Führungs- und Einsatzunterstützung. Mit der eFP ist immer mindestens eine verstärkte deutsche Kampftruppenkompanie im Baltikum

---

[7] Der in diesem Werk veröffentlichte Aufsatz stellt die private Meinung des Autors dar und ist keine offizielle Position der Bundeswehr.

stationiert, um die Streitkräfte der NATO-Verbündeten vor Ort zu verstärken (BMVg 2022). Die VJTF ist ein im Rotationsprinzip zwischen verschiedenen NATO-Ländern aufgestellter Alarmverband, an der Deutschland 2023 als Rahmennation mit der Panzergrenadierbrigade 37 beteiligt sein wird (Bundeswehr 2022).

Dieses Kriegsbild gilt es in Frage zu stellen. Denn: Die nukleare Teilhabe als Mittel der Abschreckung ist ein essenzieller Bestandteil in der Verteidigungsstrategie der NATO (BMVg 2021). Auch mögliche gleichwertige Widersacher haben Zugang zu Nuklearwaffen. Eine konventionelle Auseinandersetzung der NATO mit so einem Gegner scheint unrealistisch, vor allem nach den Erfahrungen des Kalten Krieges. Und trotzdem hält sich dieses Kriegsbild.

Der Blitzkrieg und seine Folgen

Der überraschende Sieg der Wehrmacht über Frankreich 1940 wurde zur Blaupause moderner mechanisierter Operationen. In der Wehrmacht führte dieser Sieg zu einer gefährlichen Euphorie und zu völlig falschen Schlussfolgerungen, einer „Überschätzung des ‚operativen Bewegungskrieges'" und „zu einer ‚motorisierten' Renaissance des Cannae-Gedankens. Wie schon unter Schlieffen wurde verdrängt, wer den 2. Punischen Krieg eigentlich gewonnen hatte: Cannae war nur ein vorübergehender operativer Erfolg Hannibals über die strategisch überlegene Seemacht Rom gewesen" (Frieser 2012, 437). Während für den Ausgang von zwei Weltkriegen strategische Belange entscheidend waren, konzentrierte man sich in der deutschen Generalität komplett auf die operative Ebene (ebd., 441).

Inwiefern der verlorene Zweite Weltkrieg zu einer Veränderung im militärischen Denken geführt hat, ist fraglich. Fest steht, dass schon kurz nach dem Krieg mit der Mythisierung der Wehrmacht als „sauber", aber auch als „unbesiegbar" begonnen wurde (Schreiner

2018, 34). Die operativen und militärstrategischen Denkmuster der Wehrmacht fanden auf drei Arten ihren Weg in die junge Bundeswehr:

1. durch die anglo-amerikanische Militärpublizistik, die die Mythen über die deutsche „Exzellenz" schon während des Krieges verbreitete (Schreiner 2018, 38),
2. die Army Historical Division (Howell 2018, 44),
3. und ehemalige Offiziere der Wehrmacht, die in die Bundeswehr übernommen wurden.

Eine zentrale Rolle bei der Verbreitung dieser Mythen spielte der ehemalige Generaloberst Franz Halder und seine Beteiligung an der Army Historical Division (vgl. für das Folgende ebd., 42–50). Halder war Leiter der Control Group, einer Art internen Qualitätskontrolle der Historical Division, und erhielt damit großen Einfluss auf die erstellten Arbeiten. Diesen Einfluss nutzte er, um seiner persönlichen Interpretation der Ereignisse einen wissenschaftlichen Anstrich zu geben. Eine der Kernaussagen: Nicht die falsche Lagebeurteilung und Planung deutscher Offiziere hätte zum Verlust des Krieges geführt, sondern „Hitlers ‚Unfähigkeit' zu operativem Denken", welche die Wehrmachtsgeneräle zu spät erkannt hätten. Diese Deutungshoheit Halders konnte vor allem entstehen, weil ihn die US-Army zum Gatekeeper avancieren ließ und ihm exklusiven Zugang zu den erbeuteten Akten der Wehrmacht gewährte. Halder war aber nicht der Einzige, der die Möglichkeiten der Einflussnahme auf die Geschichtsschreibung erkannte. Auch andere beteiligte Offiziere sahen diese einmalige Gelegenheit und nutzten ihre Arbeit in der Historical Division dazu, ihre Aussagen und Interpretation aufeinander abzustimmen. Wie einflussreich die deutschen Offiziere der Historical Division auf die spätere Bundeswehr waren, lässt sich durch einen kurzen Blick auf die Liste der Mitglieder der Control Group erkennen. Mitglieder der Control Group waren u. a.: Burkhart Müller-Hillebrand (später General in der Bundeswehr), Alfred Zerbel (General in der Bundeswehr und zweiter Inspekteur des

Heeres), Wilhelm Willemer (General in der Bundeswehr, Kommandeur der Heeresoffizierschule II und somit verantwortlich für die Ausbildung der Offizieranwärter, Leiter Abteilung Heer an der Führungsakademie der Bundeswehr und damit verantwortlich für die Generalstabsausbildung), Joachim Schwatlo-Gesterding (Stellvertretender Inspekteur des Heeres, Befehlshaber Kommando Territoriale Verteidigung).

Der Einzug der Denkmuster der Wehrmacht in die Bundeswehr wurde aber nicht nur von einigen wenigen Generälen durch ihre Arbeit in der Army Historical Division ermöglicht, sondern vermutlich auch zu einem großen Teil über die Personalkontinuitäten zwischen Wehrmacht und Bundeswehr. Diese Kontinuität von Führungskadern der Wehrmacht in der Bundeswehr lässt sich ganz eindeutig feststellen und deren Einfluss bis in die späten 80er Jahre belegen (Molt 2007, 90, 607 und 627). Denn während der Wiederbewaffnung brauchte Westdeutschland geeignetes Personal mit Kriegserfahrung, das sich im Krieg verdient gemacht hatte, als Keimzelle für die Aufstellung der ersten Bundeswehrverbände (ebd., 85), weswegen zwangsläufig auf ehemalige Offiziere und Unteroffiziere der Wehrmacht zurückgegriffen werden musste.

Wie stark dieses Denken in operativen Denkmustern und dem Panzergefecht auf der osteuropäischen Ebene heute noch in der Bundeswehr verankert ist, sieht man an den Kommentaren vieler deutscher pensionierter Generäle zum Verlauf des Ukrainekriegs. Exemplarisch dafür ist Harald Kujat, Luftwaffengeneral und ehemaliger Generalinspekteur der Bundeswehr, der am 20. März 2022 beim Fernsehsender *Phoenix* noch davon sprach, dass die ukrainischen Streitkräfte nicht in der Lage wären, den überlegenen russischen Streitkräften im Gefecht der verbundenen Waffen entgegenzustehen, und sich daher in die Städte zurückzögen (Phoenix 2022).

Stellvertreterkriege und Small Wars

Dabei verkennt diese Denkweise nicht nur, welche Bedeutung Gefechte um und in urbanen Räumen im Zweiten Weltkrieg hatten, wie etwa von Wettstein in seiner Dissertation aufgezeigt (Wettstein 2014), sondern auch die Realitäten der Konfrontation von nuklear bewaffneten Blöcken. Ein Blick auf den Verlauf des Kalten Krieges zeigt, wie diese Realität aussieht: Abschreckung, Stellvertreterkriege und asymmetrische Konflikte.

Die Logik dahinter war simpel: Offene Konfrontation zwischen den Blöcken bedeutete die totale Vernichtung aller Konfliktparteien, weswegen Auseinandersetzungen unterhalb der Schwelle des Krieges oder durch dritte Gruppierungen in einem Stellvertreterkrieg erfolgten (Hoffman/Orner 2021).

Konventionelle Operationen waren während dieser Zeit zwar nicht komplett irrelevant, spielten aber eine eher untergeordnete Rolle (der Koreakrieg ist ein Beispiel dafür), konventionelle Abschreckung ist daher auch nötig (Breitenbauch 2014). Aber die Rahmenbedingungen, die zu der Logik des Kalten Krieges führten, haben sich nicht verändert. Ein offener Konflikt würde heute dieselben Folgen haben wie vor 30 Jahren während des Kalten Krieges. Denn die NATO und alle gleichwertigen potenziellen Gegner sind weiterhin mit Atomwaffen bewaffnet. Es ist daher nach wie vor wahrscheinlicher, dass sich die NATO in einem Stellvertreterkrieg oder Small War wiederfindet, als in einem offen kriegerischen Konflikt mit einer nuklearen Macht wie Russland oder China (Scaife 2012).

Afghanistan, Ukraine – Blaupausen für die Zukunft?

Diese kompromisslose Fokussierung auf konventionelle Operationen hinterlässt einen riesigen blinden Fleck in der deutschen Sicherheitspolitik und vor allem in der zukünftigen Aufstellung der Bundeswehr. Dabei sind gerade der Afghanistankrieg und der Krieg in der Ukraine Blaupausen, wie ein Konflikt der Zukunft für NATO-Länder ablaufen könnte. Im Falle des Ukrainekrieges liefern NATO-Länder der Ukraine Waffensysteme, Munition und medizinisches Material, öffnen ihre logistischen Einrichtungen für die Nutzung durch die Ukraine und bilden ukrainische Soldat:innen aus (Wiegold 2022), um der Ukraine zu ermöglichen, sich gegen den russischen Überfall zu verteidigen. Die Weitergabe nachrichtendienstlicher Informationen an die Ukraine durch die USA ist essenziell für die ukrainischen Erfolge (Harris/Lamothe 2022; Barnes/Cooper 2022; Borger 2022). Also: „Advice/Train" und „Intelligence Sharing" sind der essenzielle Beitrag der NATO zu diesem Konflikt, nicht Panzerschlachten.

Der Afghanistankrieg deckte das gesamte Spektrum von einem Konflikt zum Umsturz einer feindlichen Regierung mit Hilfe indigener Widerstandsgruppen (gut beschrieben u. a. bei Blehm 2011) durch Aufstandsbekämpfung und Wiederherstellung einer zivilen Regierung ab. In diesem Krieg kam es vor allem auf interkulturelle Kompetenzen, Sprachkenntnisse und ein solides theoretisches und praktisches Verständnis von Widerstandsnetzwerken und gesellschaftlichen Dynamiken an. Diese Expertise fehlt in der Bundeswehr (sowie in einem großen Teil der NATO), und auch im sicherheitspolitischen Diskurs in Deutschland spielt sie kaum eine Rolle (was nicht bedeutet, dass es sie nicht gibt, siehe z. B. Thomas Ruttig in Deutschland oder Thomas Barfield in den USA). Die Niederlage im Afghanistankrieg lässt sich auf das Fehlen dieser institutionellen Expertise sowie auf ein komplettes Missverständnis der afghanischen Gesellschaft zurückführen (vgl. Berichte des Special Instructor General for

Afghanistan Reconstruction der US-Regierung auf www.sigar.mil). Deswegen wäre es wichtig – im Lichte der Erfahrungen aus dem Afghanistankrieg und der militärischen Evakuierungsoperation aus Kabul im August 2021 und mit dem Wissen, dass diese Art von Konflikt historisch gesehen wahrscheinlicher ist –, nicht nur einseitig in konventionelle Operationen, sondern auch in unkonventionelle und irreguläre Kriegsführung zu investieren, interkulturelle Kenntnisse auszubauen und sich vor allem auf Small Wars und Konflikte in der Grey Zone vorzubereiten.

Literatur

Barnes, Julian E./Cooper, Helene (2022): Ukrainian Officials Drew on U.S. Intelligence to Plan Counteroffensive, in: The New York Times, 10.09.2022 https://www.nytimes.com/2022/09/10/us/politics/ukraine-military-intelligence.html [Zugriff: 30.10.2022].

Blehm, Eric (2011). The Only Thing Worth Dying For. How Eleven Green Berets Forged a New Afghanistan, New York.

Borger, Julian (2022): US Intelligence Told to Keep Quiet Over Role in Ukraine Military Triumphs, in: The Guardian, 07.05.2022, https://www.theguardian.com/us-news/2022/may/07/us-spies-ukraine-russia-military-intelligence [Zugriff: 30.10.2022].

Breitenbauch, Henrik Ø. (2014): NATO: Conventional Deterrence is the New Black, in: War on the Rocks, 14.04.2014, https://warontherocks.com/2014/04/nato-conventional-deterrence-is-the-new-black [Zugriff: 29.10.2022].

BMVg – Bundesministerium der Verteidigung (2021): Die nukleare Teilhabe in der NATO. Bundesministerium der Verteidigung vom 2021, https://www.bmvg.de/de/aktuelles/die-nukleare-teilhabe-in-der-nato-5093218 [Zugriff: 29.10.2022].

BMVg – Bundesministerium der Verteidigung (2022): Mission EFP in Litauen: Fünf Jahre Sicherung der NATO-Ostflanke vom 2022, https://www.bmvg.de/de/aktuelles/5-jahre-nato-mission-efp-in-litauen-unter-deutscher-fuehrung-5339810 [Zugriff: 29.10.2022].

Bundeswehr (2022): Deutsches Heer bereit für NATO-Eingreiftruppe 2022–2024, https://www.bundeswehr.de/de/organisation/heer/aktuelles/deutsches-heer-bereit-fuer-nato-eingreiftruppe-5361610 [Zugriff: 29.10.2022].

Frieser, Karl-Heinz (2012): Blitzkrieg-Legende. Der Westfeldzug 1940. 4. Aufl., München.

Harris, Shane/Lamothe, Dan (2022): Intelligence-Sharing With Ukraine Designed to Prevent Wider War, in: The Washington Post, 11.05.2022, https://www.washingtonpost.com/national-security/2022/05/11/ukraine-us-intelligence-sharing-war [Zugriff: 30.10.2022].

Hoffman, Frank G./Orner, Andrew (2021): The Return of Great-Power Proxy Wars., in: War on the Rocks, 02.09.2021, https://warontherocks.com/2021/09/the-return-of-great-power-proxy-wars [Zugriff: 29.10.2022].

Howell, Esther-Julia (2018): Bauen am Denkmal. Franz Halder, die Historical Division und die Legende von der ‚sauberen Wehrmacht', in: Töppel, Roman/Westemeier, Jens (Hrsg.): ‚So war der deutsche Landser …'. Das populäre Bild der Wehrmacht, Paderborn, 41–62.

Kdo H II 1 (2) Autorenteam (2017): Thesenpapier I: Wie kämpfen Landstreitkräfte künftig? https://augengeradeaus.net/wp-content/uploads/2018/03/180327-Thesenpapier-I-Wie-ka%CC%88mpfen-LaSK-zuku%CC%88nftig.pdf [Zugriff: 30.10.2022].

Molt, Matthias (2007): Von der Wehrmacht zur Bundeswehr. Personelle Kontinuität und Diskontinuität beim Aufbau der deutschen Streitkräfte 1955–1966. Diss. Heidelberg, https://doi.org/10.11588/heidok.00008935.

Phoenix (2022): Krieg in der Ukraine. Harald Kujat (General a. D.) zur aktuellen Situation am 20.03.2022, https://www.youtube.com/watch?v=LIzakzb85Dg [Zugriff: 21.03.2022].

Scaife, Robert B. (2012): The Regularity of Irregular Warfare, in: Small Wars Journal, 16.10.2012, https://smallwarsjournal.com/jrnl/art/the-regularity-of-irregular-warfare [Zugriff: 29.10.2022].

Schreiner, Florian J. (2018): ‚Die besten Soldaten der Welt!'. Die Idealisierung der Wehrmacht aus Sicht der historischen Mythosforschung, in: Töppel, Roman/Westemeier, Jens (Hrsg.): ‚So war der deutsche Landser …'. Das populäre Bild der Wehrmacht, Paderborn, 27–39.

Seeckt, Hans von (1929): Gedanken eines Soldaten, Berlin.

Wettstein, Adrian (2014): Die Wehrmacht im Stadtkampf 1939–1942, Boston.

Wiegold, Thomas (2022): EU billigt Trainingsmission für ukrainische Soldaten – Ausbildung auch in Deutschland, https://augengeradeaus.net/2022/10/eu-billigt-trainingsmission-fuer-ukrainische-soldaten-ausbildung-auch-in-deutschland [Zugriff: 30.10.2022].

Drei Perspektiven zur strategischen Rolle Deutschlands im 21. Jahrhundert

Rolf Clement, Eva Högl und Kersten Lahl

Dieser Beitrag soll einen praktischen Blick auf die *Zeitenwende* bieten. Hierzu wurden Rolf Clement (Journalist), Eva Högl (Wehrbeauftragte des Deutschen Bundestages) und Kersten Lahl (Generalleutnant a. D.) von den Herausgebern gebeten ihre individuelle Sichtweise auf die *Zeitenwende* dazulegen. Zwei Fragen stehen hierbei im Zentrum:

1. Was ist die strategische Rolle Deutschlands und welche Art von Streitkräften (Größe, Struktur, Ausrüstung etc.) benötigt Deutschland, um diese Rolle zu erfüllen?
2. Welche praktischen Hürden müssen überkommen werden, um eine erfolgreiche *Zeitenwende* einzuleiten?

Rolf Clement

Nach dem Zweiten Weltkrieg haben die USA mit dem Marshall-Plan einen wesentlichen Beitrag dazu geleistet, dass vor allem die damalige Bundesrepublik Deutschland wieder in die Lage versetzt wurde, politikfähig zu werden. Damit trugen sie auch zur Sicherheit auf dem europäischen Kontinent bei. Sie blieben mit einem wesentlichen Teil ihrer Truppen in Westeuropa stationiert, aber sie wussten, dass wirkliche Stabilität mit militärischen Mitteln allein nicht sichergestellt werden kann. Wirtschaftliche Prosperität ist ein zweites zentrales Element für Sicherheit und Frieden. Heute nennt man das den vernetzten Ansatz. Dieser ist Bestandteil nahezu jeder sicherheitspolitischen Rede. Aber es bleibt oft beim Reden. Deutsche Außen- und Sicherheitspolitik erfüllt zurzeit weder die eigenen Anforderungen noch diejenigen, die die Partner in EU und NATO an sie stellen. Deutschland hat eine Scheu, die Führungsrolle, die es selbst rhetorisch reklamiert – erst im Sommer 2022 haben Verteidigungsministerin Lambrecht und Bundeskanzler Scholz das wortreich mit entschlossenem Ton wiederholt – und die andere von ihm erwarten, auch wahrzunehmen. Dabei braucht Europa und die westlich orientierte Welt Führung von den Ländern, die wirtschaftlich und politisch stark sind, die also beide erwähnten Elemente in eine Sicherheitsordnung einbringen können. Deutschland agiert andersherum: Es will in aller Regel vor allem die politischen Elemente einbringen. Das Militärische überlässt es gerne anderen.

Lambrecht hat in ihrer sogenannten Grundsatzrede von der Deutschen Gesellschaft für Auswärtige Politik in Berlin auf einen Umstand hingewiesen, der auch gerne verdrängt wird: Deutschland kann nicht entscheiden, ob es eine Führungsrolle wahrnehmen möchte. Es übt diese aus, auch wenn es nicht handelt. Oft genug wurde früher schon gesagt, dass sich bei bestimmten Entscheidungen oder Schritten andere Länder hinter dem deutschen Handeln verstecken. Sie orientieren sich an Deutschland. Aus dieser Führungsrolle gibt es also kein Entrinnen. Die Misere der westlichen Welt liegt an der Verweigerung einer aktiven Führung, die nicht nur Deutschlands, sondern beispielsweise auch Frankreichs Außenpolitik prägt. Die Krisen des Jahres 2022 haben dieses Fehlen an politischer Führungsbereitschaft deutlich gemacht. Abgesehen von einigen wenigen Reden von Bundeskanzler Olaf Scholz – z. B. die „Trendwende-Rede" im Februar und die Europarede in Prag im August – kamen aus Deutschland in der Russland-Ukraine-Krise keine wesentlichen lösungsorientierten Impulse.

Gründe für diese deutsche Scheu werden aus der Geschichte abgeleitet. Immer wieder heißt es, dass wegen des deutschen Verhaltens während der NS-Zeit und während des Zweiten Weltkriegs nun eine Phase der Zurückhaltung angesagt sei. Wie lange will Deutschland dieses Banner noch vor sich hertragen? Der Zweite Weltkrieg ist seit über 70 Jahren zu Ende. Deutschland ist ein wichtiges, demokratisches Mitglied der Weltgemeinschaft. Es ist abhängig von Handel mit Rohstoffen auf der einen und Fertigprodukten auf der anderen Seite. Es ist darauf angewiesen, dass die internationale Gemeinschaft regelbasiert funktioniert. Die Erwartungshaltung an Deutschland hat sich völlig gedreht: Heute haben unsere Nachbarn und Verbündeten Angst vor einem schwachen, zurückhaltenden Deutschland, nicht mehr vor einem starken. Dies haben sie oft genug betont.

Dem steht die innenpolitische Szene in Deutschland diametral entgegen. Nach dem Zweiten Weltkrieg hat sich in der alten Bundesrepublik eine pazifistische Haltung entwickelt. Zuerst wandte sie sich gegen die Aufstellung der Bundeswehr, die dann dennoch so gestaltet wurde, dass sie heute eine überzeugende Streitmacht in der Demokratie ist, an deren demokratischem Verhalten kein ernsthafter Zweifel erlaubt ist. Der Pazifismus wurde während des Kalten Krieges aus zwei Quellen gespeist: Zum einen wäre eine damals mögliche militärische Auseinandersetzung auf deutschem Boden, dem der damaligen Bundesrepublik wie auch dem der damaligen DDR, ausgetragen worden. Das war für diese Gruppe unvorstellbar. Hinzu kam der moralische Kreditverlust der USA, erster Bündnispartner der westlichen Bundesrepublik, durch ihr Verhalten im Vietnam-Krieg. Diese gesellschaftliche Strömung nahm nach dem Zusammenbruch der Blockkonfrontation jedes Zurückfahren des Militärischen, jede Friedensdividende dankbar auf.

Für die Politiker aller demokratischen Parteien war dies bequem. Man musste nicht dagegenhalten. Verteidigungspolitiker warnten immer davor, dass dies der Regierung die Möglichkeit nimmt, außenpolitische Interessen mit einer entsprechenden Macht im Hintergrund zu untermauern. Aber das floss nicht in politische Handlungen. Vor allem die Sozialdemokratie hatte sich seit den 1960er Jahren einer Politik der Entspannung verschrieben. Das schien damals zweckmäßig, ist vor dem Hintergrund unserer Erfahrungen seit dieser Zeit aber keine optimale Politik gewesen. Unsere Partner griffen diese Entspannungspolitik auf, fügten ihr aber ein wichtiges Element hinzu: Die westliche Staatengemeinschaft hat 1968 den sogenannten Harmel-Bericht zur Grundlage ihrer Politik gemacht. Der damalige belgische Außenminister Pierre Harmel formulierte eine Strategie, nach der der Westen der damaligen Sowjetunion die Hand für Verhandlungen reichen sollte, aber nur auf der festen Basis einer gesicherten Verteidigungsfähigkeit. Darauf baute dann der spätere deutsche Bundeskanzler Helmut Schmidt den NATO-Doppelbeschluss von 1979 auf, der die Aufstellung von US-Nuklearwaffen in Mitteleuropa davon abhängig machte, ob über diese Systeme mit der damaligen Sowjetunion ein Abrüstungsvertrag erreicht werden kann. Damit wurde zu dem Doppelklang Wirtschaft und Militär auch die Politik hinzugefügt. Es wurde ein Dreiklang. Im Jahr 2022 müsste man sich auf diese Prinzipien wieder besinnen. Eine deutsche und europäische, eine westliche Sicherheitspolitik muss die Elemente Politik, Wirtschaft und Militär umfassen. Die Stellschrauben, die heute wirken, sind:

- Ein autoritär regiertes Russland hat alle Elemente der regelbasierten Weltordnung gebrochen und völlig willkürlich ein Nachbarland überfallen. Dies muss die anderen Staaten herausfordern.
- Es wurde lange als plausible Strategie angesehen, autoritär regierte und aggressiv ausgerichtete Staaten durch Handelsbeziehungen einzubinden: Wandel durch Handel. Diese Strategie ist so, wie sie betrieben wurde, gescheitert. Im Gegenteil: Sie hat zu Abhängigkeiten geführt, die – wie wir nun sehen – einen Krieg nicht verhindert haben, aber gravierende wirtschaftliche Konsequenzen nach sich zogen.

- Das System vertrauensbildender Maßnahmen, die unter dem Dach der Organisation für Sicherheit und Zusammenarbeit in Europa (OSZE) vereinbart wurden und die gerade im militärischen Bereich durch gegenseitige Information und Inspektion Einblicke in die Fähigkeiten und das Handeln der anderen Staaten ermöglichten, ist zusammengebrochen.
- Die EU-Staaten zeigen eine sehr volatile Einigkeit. Es bedarf nicht nur des Hinweises auf die Rechtsstaatlichkeit in Ungarn und Polen. Auch ein Land wie Bulgarien, dessen „Übergangsregierung" ein halbes Jahr nach Ausbruch des Russland-Ukraine-Krieges und trotz der EU-Sanktionen mit der russischen Staatsfirma Gasprom über individuelle Gaslieferungen verhandelt, ist dafür ein Modell.

Das EU-Europa des Jahres 2022 ist nicht voll handlungsfähig. Institutionen wie die EU und die NATO sind auch mit dem Ziel geschaffen worden, einen Interessensausgleich in ihren Gremien zu organisieren. Dies gelingt kaum noch. Vielmehr verständigt man sich dort auf den kleinsten gemeinsamen Nenner. Zu viele nationale Interessen sind mit anderen nicht einfach kompatibel. Das betrifft auch immer wieder deutsche Positionen. Das lange Festhalten an Nordstream 2 ist ein Beleg dafür. Nur noch die deutsche Regierung hielt nach der Annexion der Krim durch Russland an dem Projekt fest.

Ausgehend von dem beschriebenen Dreiklang muss Deutschland im Rahmen der westlichen Organisationen seine Aufgaben annehmen. Nur ein Beispiel: Angesichts der geopolitischen Lage ist Deutschland bei einem möglichen Krieg die Drehscheibe für die Streitkräfte unserer Verbündeten. Wir müssen die Infrastruktur bereitstellen, dass diese das Kriegsgebiet erreichen können. Diese zentrale Aufgabe haben noch nicht alle in Politik und Gesellschaft begriffen.

Wir müssen die Organisationen so resilient machen, dass sie handlungsfähig sind. Es kann nicht sein, dass aus Partikularinteressen einige Staaten der EU enge Beziehungen zu China aufbauen, womit ausgeschlossen wird, dass die EU sich gegen China wendet, wenn das nötig ist. Es muss ein handlungsbereiter und handlungsfähiger Kern von EU-Staaten daran gehen, Sicherheit neu verlässlich zu organisieren. Das kann bedeuten, dass man die Organisation der Sicherheitsordnung in Europa neu gestalten muss.

Die europäische, also auch die deutsche Außen- und Sicherheitspolitik muss sich den Ansichten und Werten anderer Weltregionen öffnen. Die UN-Charta finden wir in Europa gut, weil sie unsere Werte zu Allgemeingut erhebt. Wenn die Menschen und Staaten in Asien und Afrika das als Bevormundung verstehen, müssen sich die Politiker hierzulande dem stellen.

Es bedarf konsequenten Handelns und kreativer Ideen. Die bisherige Sicherheitspolitik läuft Gefahr, eine Ordnung in Frieden, Sicherheit und Wohlstand nicht mehr gewährleisten zu können.

Eva Högl

Deutschland ist eines der reichsten Länder der Welt, fest eingebunden und an der Seite der Partnerländer des Westens in EU und NATO mit verantwortungsvoller Mitgliedschaft in der UNO – und einer besonderen Geschichte, aus der sich eine Verpflichtung ergibt, für Frieden, Freiheit, Abrüstung, Diplomatie und Völkerverständigung einzutreten. Deutschlands strategische Rolle ist komplex und kann nicht allein mit Führungsmacht – ja oder nein – umschrieben werden. Deutschland hat sich – insbesondere seit dem Fall der Mauer und der Deutschen Einheit – zu einem starken Staat in der Mitte Europas entwickelt, der seine Verantwortung in der Welt wahrnimmt. Das wird von unseren Partnern anerkannt und das gilt es, zu erhalten und fortzuentwickeln. Und dafür braucht es moderne, bestens aufgestellte und jederzeit voll einsatzbereite Streitkräfte, die zudem fest in der Gesellschaft verankert sind. Die Bundeswehr hat ein vielfältiges Aufgabenspektrum – von der Landes- und Bündnisverteidigung über weltweite Einsätze im Rahmen des internationalen Krisenmanagements bis hin zur Amtshilfe im Inland bei einer Naturkatastrophe oder einem besonders schweren Unglücksfall. Diese Breite und Vielfalt spiegelt die strategische Rolle Deutschlands wider: Auf vielen Ebenen, an unterschiedlichen Orten und in Zusammenarbeit mit unseren Partnern und Verbündeten übernimmt unser Land Verantwortung. Mit der Bundeswehr leisten wir unseren Beitrag für Frieden, Freiheit und Sicherheit in Deutschland, in Europa und in der Welt.

In den vergangenen 30 Jahren standen die Einsätze im Rahmen des internationalen Krisenmanagements im Fokus, vor allem das internationale Engagement in Afghanistan und der UN-Einsatz in Mali. Diese Einsätze haben die Bundeswehr geprägt und verändert. Ihre Größe, Strukturen, Verfahren, Ausrüstung und Haltung richteten sich maßgeblich hieran aus. Das heißt, die Bundeswehr war vor allem eine Einsatzarmee, die darauf eingestellt, strukturiert und optimiert war, in regelmäßigen und langfristig planbaren Intervallen Soldatinnen und Soldaten sowie entsprechende Ausrüstung und Material in unterschiedliche Einsätze weltweit zu schicken. Nach der völkerrechtswidrigen Annexion der Krim durch Russland 2014 gewann die Landes- und Bündnisverteidigung wieder an Bedeutung. Die NATO schickte als Reaktion hierauf Soldatinnen und Soldaten, sogenannte Battlegroups, an die Ostflanke des Bündnisgebietes nach Polen und ins Baltikum. Deutschland übernahm die Führung der Battlegroup in Litauen. Seit dem völkerrechtswidrigen Angriffskrieg Russlands auf die Ukraine am 24. Februar 2022 baut die NATO – sehr kurzfristig und sehr schnell – ihr Engagement an der Ostflanke aus. Auch die Bundeswehr hat ihren Beitrag maßgeblich verstärkt in Litauen, Estland, Rumänien, der Slowakei sowie in der Ostsee. Hierbei geht es um Bündnisverteidigung, glaubhafte und wirkungsvolle Abschreckung sowie gelebte und geübte Multinationalität. Genau darum wird es in den nächsten Jahren verstärkt gehen – und gleichzeitig bleiben internationale Stabilisierungsmissionen eine weitere Aufgabe der Bundeswehr. Die Landes- und Bündnisverteidigung ist damit endgültig (wieder) zum Kernauftrag geworden. Doch vollständig und konsequent eingestellt ist die Bundeswehr darauf noch nicht.

Das verdeutlichen der Krieg in der Ukraine und die Verstärkung an der NATO-Ostflanke: Bei Einsätzen im Rahmen der Landes- und Bündnisverteidigung kann es für unsere Soldatinnen und Soldaten ernst werden, es muss schnell gehen und sie müssen immer einsatzbereit sein. Sie brauchen daher eine exzellente Vorbereitung und gute Unterstützung. Der Krieg in der Ukraine verändert alles. Das hat Konsequenzen für die Bundeswehr und erfordert weitgehende Reformen und grundlegende Veränderungen. Denn jetzt gilt es, die volle Einsatzbereitschaft (wieder-)herzustellen und kaltstartfähig zu sein. Das bedeutet, die Bundeswehr muss personell, materiell und strukturell in die Lage versetzt werden, schnell und kurzfristig zu agieren und zu reagieren. Das möglichst bald zu erreichen und zu gewährleisten, ist eine Kraftanstrengung für die Bundeswehr und setzt konsequente, tatkräftige und zügige Entscheidungen der politisch Verantwortlichen und der militärischen Führung voraus.

Der Bundestag hat zur besseren Ausrüstung der Bundeswehr mit dringend benötigtem Material ein Sondervermögen von 100 Milliarden Euro eingerichtet und plant für die nächsten Jahre einen ausreichend ausgestatteten Verteidigungshaushalt. Das ist wichtig und richtig, um die materielle Einsatzbereitschaft der Bundeswehr wiederherzustellen. Doch volle Einsatzbereitschaft bedeutet mehr als Material und Ausrüstung. Sie betrifft alle Ebenen und Bereiche der Bundeswehr. Material, Personal und Infrastruktur, Verfahren, Abläufe und Strukturen, Zuständigkeiten und Verantwortung – all das muss sich an der Maßgabe der vollständigen Einsatzbereitschaft ausrichten. Es fehlt unseren Soldatinnen und Soldaten an Helmen, Rucksäcken und Schutzwesten. Die Funkgeräte sind 30 Jahre alt, für

20 Milliarden Euro müsste Munition beschafft werden, gleichzeitig gibt es nicht genügend Munitionslager. Es gibt kein WLAN, keine digitale Arbeitszeiterfassung, keine elektronische Patientenakte und viele unbesetzte Dienstposten. Die Kasernen im ganzen Land sind in einem miserablen Zustand. Wenn das alles nicht sehr schnell geändert wird, dann ist die Bundeswehr weder voll einsatzbereit noch kaltstartfähig. Zudem erfordert die Lage, dass politische Bildung, Haltung, Einstellung, mentale Fitness und Werteorientierung einen Schwerpunkt in Ausbildung, Übung, Einsatz und Grundbetrieb darstellen. Gute Information, Kommunikation und Beteiligung müssen in der Truppe konsequent erfolgen. Hier sind die militärischen Führungskräfte aller Ebenen besonders gefordert. Innere Führung zeichnet die Bundeswehr aus und muss in der Truppe umgesetzt, befolgt und gelebt werden. Jederzeit und überall. Es geht darum, die Notwendigkeit von Veränderung nicht nur in der Theorie zu begreifen, sondern auch in der Praxis aus fester Überzeugung und mit vollem Engagement umzusetzen und umsetzen zu wollen. Unsere Soldatinnen und Soldaten verteidigen Frieden, Freiheit, Demokratie und Sicherheit – notfalls mit ihrem Leben. Das verdient Respekt und Anerkennung.

Wir können sehr stolz sein auf unsere Soldatinnen und Soldaten. Und deshalb verdienen sie die besten Rahmenbedingungen für ihren Dienst. Das zu erreichen, ist die Aufgabe der nächsten Zeit – die Aufgabe aller militärisch und politisch Verantwortlichen. Und das ist *Zeitenwende* und das erfordert die *Zeitenwende*.

Kersten Lahl

Zweifellos wäre es völlig falsch, die Sicherheitsvorsorge Deutschlands auf das rein Militärische zu verengen. Aber dennoch stehen derzeit die Streitkräfte im Fokus des Zwanges, das strategische Koordinatensystem neu zu definieren. Denn die Bundeswehr ist zwar noch keine sieben Jahrzehnte alt, blickt aber bereits auf eine denkwürdige Geschichte grandioser Erfolge einerseits und grundlegender Fehlentwicklungen andererseits zurück. Im Kalten Krieg bildete sie mit ihrer Stärke und Kampfkraft das hochgelobte Rückgrat der konventionellen Bündnisverteidigung. Nach dem Ende des Ost-West-Konflikts freilich begann ein jahrzehntelanger Umbruch, der jüngst in dem verzweifelten Hilferuf nach der *Zeitenwende* mündete. Nur vor diesem Hintergrund lassen sich die richtigen Lehren mit Blick nach vorne ziehen.

Es ist nicht übertrieben, von einem Desaster mit Ansage zu sprechen. Den groben Weg markierten drei Phasen voller Illusionen: (1) Unmittelbar nach der Deutschen Einheit setzte sich die Überzeugung durch, das „Ende der Geschichte" sei nun real und folglich könne man eine fällige Friedensdividende einlösen. Im Ergebnis erfolgte ab den späten 1990er Jahren ein dramatischer Abbau ehemals kampfkräftiger Truppenteile aller Ebenen. (2) Spätestens der Schock von 9/11 und das Engagement in Afghanistan markierte die zweite Phase: Sie stellte den Beitrag für internationales Krisenmanagement dezidiert in den Mittelpunkt. Die „wahrscheinlichsten" Aufgaben, also Stabilisierungsmissionen fernab, seien nun „strukturbestimmend" – so die Vorgabe. Die nötige Anschubfinanzierung dieses kräftezehrenden Wandels blieb allerdings aus. (3) Erst 2014, also im Zuge der Krim/Donbas-Erfahrungen, erahnte man die neuen alten Risiken in Europa, was allerdings nicht zu einer Kehrtwende, sondern zur endgültigen Überlastung der Truppe mit der Forderung führte, sie müsse nun alles „gleichrangig" beherrschen – also das gesamte Spektrum von hochintensiven Gefechten bis hin zu mehr oder weniger robusten Friedenseinsätzen. Obwohl das Aufgaben sind, die teils völlig unterschiedliche Ansprüche stellen, blieb auch hier ein nennenswertes finanzielles Unterfüttern aus. Die Schere zwischen Auftrag und Mitteln öffnete sich immer weiter.

Die Rechnung wurde zu Beginn 2022 mit den erschütternden Worten präsentiert, die Truppe stehe angesichts der Aggressivität Russlands nun „blank" da. Soweit die bittere Realität. Sie zeigt, wie sehr über eine viel zu lange Zeit gegen eine allgemeine Lehre verstoßen wurde: Je knapper die Mittel für militärische Sicherheitsvorsorge ausfallen, umso mehr kommt es auf das Setzen eines klaren strategischen Schwerpunktes an. Ohne eindeutige Prioritäten kann eine Truppe ihren Auftrag nicht zufriedenstellend erfüllen. Der Grundsatz „Breite vor Tiefe" ist militärisch kein Erfolgsrezept. Denn wer überall stark sein möchte, ist letztlich überall schwach – diese taktische und operative Weisheit, die jeder Truppenführer beherrscht, lässt sich unbestreitbar auch auf strategische Konzepte übertragen. Oder anders ausgedrückt: Es bedarf der politischen Entscheidungsstärke, was unerlässlich und was im Zweifel nachrangig zu leisten ist.

Genau das wirft nun die Frage nach dem „richtigen" Aufgabenschwerpunkt der Bundeswehr in einer Welt auf, die auch künftig alles andere als arm an Risiken und Bedrohungen sein wird. Beim Versuch einer Antwort hilft die oft gehörte These, Deutschland müsse auf militärischem Feld seine „Kultur der Zurückhaltung" zu einer „Kultur der Verantwortung" weiterentwickeln. Aber worin besteht diese spezifische deutsche Verantwortung? Nun, nach einer konsequenten Analyse kann das Ergebnis eigentlich nur heißen: Die Rolle Deutschlands zielt aufgrund seiner Lage, Größe, Wirtschaftskraft und Geschichte maßgeblich auf die Stabilität ganz Europas ab – als Anker und Drehscheibe. Keine andere Nation in Mitteleuropa und auch nicht die USA kann das ersetzen. Falls Deutschland hier militärisch versagt, droht ganz Europa in düstere Zeiten zurückzufallen.

Für die Bundeswehr bedeutet das: Ihre Hauptaufgabe darf sich nicht an wechselnden Wahrscheinlichkeiten des sicherheitspolitischen Alltags orientieren, sondern sie muss den *worst case*, also die existenzielle Grundsicherung im NATO-Verbund ins Zentrum stellen. Und das spricht für eine strikte Ausrichtung an der Landes- und Bündnisverteidigung ohne Wenn und Aber. Alles andere ist damit keineswegs unwichtig oder verzichtbar, steht aber im Zweifel zurück oder wird arbeitsteilig von Streitkräften anderer Partner übernommen. Nachrangig ist also letztlich alles, was die Fähigkeit zur Bündnisverteidigung zu unterlaufen droht.

Welche Streitkräfte benötigt Deutschland nun konkret, um diese Rolle zu erfüllen? Vorab: Gefragt ist keineswegs eine Kopie der Bundeswehr des Kalten Krieges. Denn Bündnisverteidigung heute bedeutet geostrategisch etwas anderes als früher, als Deutschland noch Frontstaat war. Zudem hat sich die Waffentechnologie rasant weiterentwickelt – auch wenn der Ukrainekrieg dies auf den ersten Blick nicht vermuten lässt. Mechanisierte Kräfte hoher Durchschlags- und Feuerkraft sowie Beweglichkeit werden ohne Zweifel weiterhin eine große Rolle spielen, denn nur mit ihnen lässt sich Raum nehmen und halten. Aber ergänzt und in ihrer operativen Bedeutung zunehmend überlagert werden sie immer mehr von Waffen oder waffenähnlichen Systemen, welche den rasanten technologischen Fortschritt insbesondere in der Digitalisierung ausschöpfen: auf dem Gebiet der Künstlichen Intelligenz, in der Cyber-Kriegsführung und im Weltraum. Die Armee, die hier den Anschluss verpasst, wird künftig weder abschrecken noch sich im Krieg durchsetzen können.

Diese Überlegungen zum Kriegsbild der Zukunft wirken sich auch auf Stärke und Personalbedarf deutscher Streitkräfte aus. Quantitativ bedarf es deutlich mehr Personal für die Landesverteidigung i. e. S. und den Heimatschutz. Das zielt auf eine signifikant stärkere Reservistenorganisation, um in Spannungs- oder Kriegszeiten die Funktionsfähigkeit der Bundeswehr zu erhalten und nötigen Personalersatz zu sichern. Ob das über eine Reaktivierung der Wehrpflicht oder durch andere kreative Modelle geschieht, bleibt offen. Jedenfalls ist hier der Leitgedanke einer höheren Resilienz entscheidend, so wie dies für die staatliche Daseinsvorsorge generell gelten muss. Qualitativ hingegen bedürfen die Einsatzkräfte der Bundeswehr, die einem intensiven kriegerischen Konflikt im gesamten Bündnisgebiet gewachsen sein müssen, neben dem klassischen Kämpfer auch einer spezialisierten Professionalität im waffen- und führungstechnologischen Bereich. Unter dem Strich weist das tendenziell auf eine künftige Zweiteilung der Bundeswehr hin: Eine breite Heimatbasis einerseits und eine hochgerüstete, hochmobile und hochprofessionelle Kerntruppe mit – um das auf das Heer zu übertragen – bis zu drei vollausgestatteten, kurzfristig einsatzbereiten Divisionen andererseits.

Im Ergebnis bietet die Renaissance deutscher Sicherheitspolitik die große Chance einer grundlegenden militärischen Modernisierung – ein Schritt, der ohne die angekündigte *Zeitenwende* wohl so nicht durchsetzbar wäre. Allerdings bleibt es offen, ob diese Chance auch tatsächlich genutzt wird. Erforderlich wäre, sich nicht erneut bequemen Illusionen hinzugeben, sondern die Streitkräfte angemessen in ihrer primären Rolle zu alimentieren: die elementare Rückversicherung für den Fall des Versagens anderer sicherheitspolitischer Instrumente.

Anhang

Nationale Sicherheit in der Zeitenwende: Wind of Change oder heiße Luft?

Georg Löfflmann und Malte Riemann

Die strategischen, politischen und gesellschaftlichen Herausforderungen, die angekündigte *Zeitenwende* in der deutschen Sicherheitspolitik erfolgreich umzusetzen, bleiben immens. Sie reichen von den erheblichen finanziellen Anstrengungen, die notwendig sind, um eine moderne, kampfstarke und einsatzfähige Bundeswehr zu schaffen, über die bestehenden institutionellen und intellektuellen Hürden, Deutschland als europäische militärische Führungsmacht mit einer entsprechenden strategischen Kultur zu etablieren, bis hin zur Weiterentwicklung eines gesellschaftlichen Grundkonsenses über den Sinn und Zweck deutscher Streitkräfte und der Rolle Deutschlands in der Welt. Dieses Buch hat diese komplizierte Thematik aus unterschiedlichen Blickwinkeln beleuchtet. Im Folgenden versuchen wir, aufbauend auf den vorangegangenen Kapiteln ein Fazit zu ziehen.

Die strategische Rolle Deutschlands im 21. Jahrhundert

Eröffnet wurde dieser Sammelband mit Beiträgen welche die *Zeitenwende* historisch, strategisch und geopolitisch einordnen. Im ersten Beitrag beleuchtete *Jorit Wintjes* die *Zeitenwende* mit einer Betrachtung der geschichtlichen Entwicklung der Bundeswehr von der Abschreckungsarmee des Kalten Krieges über den Wandel zur globalen Einsatzarmee nach 1990 bis hin zur Rückbesinnung auf die Landes- und Bündnisverteidigung nach der russischen Annexion der

Krim 2014. Im historischen Kontext betrachtet ist die *Zeitenwende* also weniger eine einschneidende Zäsur als die erneute Transformation einer Armee, für die der Wandel und die Anpassung an veränderte Bedrohungen, Aufgaben und Strukturen seit Ende des Kalten Krieges ein steter Begleiter war.

Dieser historischen Einordnung folgend, legt *Jana Puglierin* den Fokus auf Deutschlands sicherheitspolitische Rolle in der EU und der NATO. Hierbei zeigt sie auf, dass sich die Bundesrepublik als sicherheitspolitische Akteurin angesichts des russischen Angriffskriegs in der Ukraine neu definieren müsse. Um eine internationale Führungsrolle einzunehmen, welche der damaligen Verteidigungsministerin Lambrecht zufolge auch eine militärische Komponente beinhalten solle, muss sich Deutschland einerseits von der „Friedensdividende" verabschieden und von dem Gedanken, Russland in die bestehende europäische Sicherheitsordnung zu integrieren. Darüber hinaus, so Puglierin, muss sich die Bundesrepublik auf einen sich verschärfenden globalen Systemkonflikt zwischen China und den USA einstellen. Da die strategischen Interessen der Vereinigten Staaten zukünftig primär im indopazifischen Raum liegen, werden sich die Europäer sehr viel mehr im Rahmen der Landes- und Bündnisverteidigung, aber auch beim Krisenmanagement engagieren müssen, um Europas Sicherheit zu gewährleisten. Deshalb wird die Bundesrepublik, sowohl in der EU als auch in der NATO, größere, auch militärische, Verantwortung übernehmen müssen. Diese Rolle auszufüllen, setzt auch eine Wertewende voraus, da unter den gegebenen internationalen Umständen eine deutsche Selbstauffassung als Zivilmacht nicht mehr zeitgemäß ist.

Ebenfalls nicht mehr zeitgemäß ist Deutschlands bisherige politische Ausrichtung als maritim-sicherheitspolitischer Akteur. In seinen Ausführungen zur maritimen Rolle Deutschlands attestiert *Johannes Peters* der Bundesrepublik eine gewisse „See-Blindheit", denn gesellschaftlich und politisch wird der maritime Raum größtenteils nur als Freizeit-, Erholungs- oder Transportraum wahrgenommen, nicht aber als sicherheitspolitischer Konfliktraum. Ein Umdenken ist aber zwingend notwendig, vor allem für eine der führenden Exportnationen, deren Exporte zu einem Großteil über den Seeweg abgewickelt werden. Obwohl man der Bundesrepublik eine gewisse Ausübung von Seemacht zuschreiben kann – aufgrund des deutschen seewärtigen Außenhandels, Deutschlands Rolle als Reedereistandort und der wirtschaftlichen Relevanz seiner maritimen Industrie –, muss sich Deutschland bewusst werden, dass die Sicherung maritimen Wohlstandes auch den Willen und die Fähigkeit miteinschließt, diesen notfalls militärisch abzusichern. Der russische Angriffskrieg gegen die Ukraine erhöht hierbei den Druck auf die Deutsche Marine, diese Fähigkeit auszubauen, fällt dieser doch eine Schlüsselrolle als größte und fähigste Anrainermarine in der Ostsee zu. Um diesen Raum auch militärisch zu schützen, erwarten Deutschlands Verbündete und Partner, dass die Bundesrepublik eine Führungsrolle in der Ostsee übernimmt.

Der Beitrag von *Severin Pleyer* identifiziert ebenfalls einen Aspekt der deutschen Sicherheitspolitik, der nicht mehr zeitgemäß erscheint – die Frage nach einer Nuklearstrategie. Deren Wichtigkeit ist über die letzten 30 Jahre relativ verkannt geblieben, da das öffentliche Interesse und die nukleare Bedrohung in Deutschland nach dem Ende des Kalten Krieges verschwand. Dies offenbart sich auch im Verlust von strategischem Fachwissen in Bezug auf Nuklearwaffen in Politik, Militär und Gesellschaft. Vor allem findet sowohl in der Wissenschaft als auch innerhalb der Ministerien keine Debatte darüber statt, nukleare Abschreckung in einem strategischem Kontext mit den dazugehörigen Bedrohungsszenarien zu verorten. Pleyer konstatiert deshalb, dass die *Zeitenwende* in Bezug auf die nukleare Teilhabe nicht stattgefunden hat und nur eine „Kontinuität der Duldung" zu erkennen sei. Die Bundesrepublik müsse sich dieser Frage jedoch stellen, weshalb eine erweiterte Debatte über eine funktionsfähige Konzeption der nuklearen Abschreckung innerhalb der Politik, aber auch innerhalb der Bundeswehr zwingend notwendig ist.

Bundeswehr und Verteidigungspolitik

Im zweiten Teil des Buches ging es darum zu erörtern, wie die Bundeswehr im Zuge der *Zeitenwende* strategisch auszurichten ist, insbesondere was die Struktur, Größe, Ausrüstung, technische Weiterentwicklung und Einsatzprofile der deutschen Streitkräfte im 21. Jahrhundert angeht.

Das Einsatzprofil der Bundeswehr ist direkt abhängig von der materiellen Dimension der Streitkräfte, d. h. ihrer Größe, Zusammensetzung und inneren Führungsstruktur. Wie *Torben Schütz* ausführt, bleibt für die Bundeswehr die strategische Ausrichtung als Bündnisarmee strukturbestimmend. Die gestiegenen Anforderungen der NATO zur Verteidigung der Ostflanke sowie der von Bundeskanzler Scholz und dem Bundesverteidigungsministerium unter Lambrecht und Pistorius angemeldete Anspruch einer deutschen militärischen Führungsrolle in NATO und EU machen dabei einen weiteren qualitativen und quantitativen Aufwuchs der deutschen Streitkräfte erforderlich. Hierzu zählen auch viele neu zu beschaffende Großsysteme für Heer, Luftwaffe und Marine, inklusive den strategischen rüstungspolitischen Zukunftsprojekten FCAS und MGCS.

Für einen Erfolg der *Zeitenwende* ist dabei eine strukturelle Reform des überbürokratisierten, schwerfälligen und teils dysfunktionalen Beschaffungsprozesses im Verteidigungsbereich unabdingbar. Neues Gerät muss schneller, einfacher und kostengünstiger in die Truppe. Wie *Heiko Borchert* und *Joseph Verbovszky* in ihrem Beitrag dargelegt haben, bedarf es darüber hinaus aber auch eines neuen rüstungspolitischen Ansatzes in Deutschland, der den gemeinsamen Ordnungsrahmen für die Zusammenarbeit von Politik,

Forschung und Industrie neu bestimmt. Die Europäisierung von Rüstungsexportrichtlinien, die gezielte staatliche Förderung von technologischen Innovationen im Rüstungsbereich sowie Deutschlands Aufstellung als rüstungspolitische Rahmennation, etwa im Kampfpanzerbereich (Leopard 2), wären in diesem Zusammenhang Maßnahmen, um die fortdauernde Innovationsfähigkeit und Planbarkeit der rüstungsindustriellen Basis in Deutschland zu garantieren und die Erhöhung von Produktionskapazitäten und -geschwindigkeiten zu ermöglichen.

Gleichzeitig bleiben die demografischen Herausforderungen für einen weiteren personellen Aufwuchs der Bundeswehr erheblich, und weitere Anstrengungen zur Vereinbarkeit von militärischer Karriere und Familie und zur Modernisierung der Personalführung sowie verbesserte Möglichkeiten zum Quereinstieg in die Streitkräfte und der professionellen Qualifizierung und Weiterentwicklung innerhalb der soldatischen Laufbahn sind elementare Bestandteile der *Zeitwende*. Neben verschiedenen Maßnahmen zur Steigerung der Attraktivität des Dienstes, z. B. durch die Modernisierung von maroden Kasernen, verbesserte Angebote zur Kinderbetreuung und die Möglichkeit zur heimatnahen Verwendung, muss die Bundeswehr bei der Werbung aber auch das Besondere des Soldatentums herausstellen, auch und insbesondere die Bereitschaft zum Kampf und das Risiko für Leib und Leben, um realistische Erwartungen an den Dienst zu fördern. Die vielbeschworene Kaltstartfähigkeit beginnt bei der Bereitschaft und dem Willen der Soldatinnen und Soldaten, kurzfristig mit kampfstarken Verbänden in den Einsatz zur Landes- und Bündnisverteidigung zu gehen. Ob dabei eine derzeit noch gültige Zielgröße von 203.000 Soldatinnen und Soldaten bis 2031 realistisch ist, bleibt abzuwarten. Die Bandbreite möglicher Zukunftsszenarien reicht von der Reduzierung der personellen Obergrenze über die interne Umstrukturierung der Streitkräfte – inklusive der Reduzierung von Organisationsbereichen und Stäben sowie der konsequenten Begrenzung von Dienstposten auf den militärischen Kernauftrag mit dem Abbau von Verwaltungsposten und -aufgaben – bis hin zur Einführung einer allgemeinen Dienstpflicht für Männer und Frauen.

Neben strukturellen Fragen bezüglich der Organisation der Bundeswehr hat die angekündigte *Zeitenwende* auch signifikante Auswirkungen auf verschiedenste militärtechnologische Bereiche. Diese Auswirkungen analysiert *Elisabeth Hoffberger-Pippan*, wobei Kampfdrohnen und Autonome Waffensysteme (AWS) im Zentrum ihrer Betrachtung stehen. Hinsichtlich der Drohnen führt sie an, dass sich Deutschland verglichen mit seinen Bündnispartnern spät für die Bewaffnung von Drohnen ausgesprochen hat. Dies liegt vor allem daran, dass diese Waffen zwar militärische Vorteile haben können, rechtliche wie ethische Bedenken jedoch immens sind. Obwohl eine deutsche Zurückhaltung bezüglich einer Bewaffnung von Drohnen größtenteils aufgegeben wurde, betont der Koalitionsvertrag die Ächtung von AWS. Die Ächtung von AWS sowie die Bereitschaft, mehr in Verteidigung zu investieren, stehen jedoch in keinem Zielkonflikt, wie aus der deutsche Stellungnahme in der diesjährigen UN-Governmental Group of Experts hervorgeht. Hier führt die Bundesregierung aus, dass zwischen solchen AWS, die keinesfalls in Einklang mit rechtlichen, ethischen und sicherheitspolitischen Anforderungen eingesetzt werden können, und solchen, die lediglich einer entsprechenden Regulierung bedürfen, ehe sie zum Einsatz kommen, unterschieden werden kann. Abschließend betont Hoffberger-Pippan, dass die *Zeitenwende* der Entwicklung neuer militärischer Technologien Anschub verleihen kann. Jedoch muss bedacht werden, dass die meisten Entwicklungen sowohl im Bereich der Drohnen als auch der AWS auf Prozesse zurückzuführen sind, die weit vor der russischen Invasion in der Ukraine in Gang gesetzt wurden.

Die Lehren aus dem Ukrainekrieg und die Fokussierung auf die Landes- und Bündnisverteidigung in Europa werfen die Frage auf, wie diese Neuausrichtung der Bundeswehr mit den bisher strukturbestimmenden Auslandseinsätzen in Einklang gebracht werden kann.

Gustav Meibauer beschreibt die Auslandseinsätze als „Luxusprojekt der Friedensdividende" und sieht Deutschlands militärische Präsenz in Afghanistan oder Mali mehr der Solidarität mit Partnern wie den USA und Frankreich geschuldet als ureigenen nationalen Sicherheitsinteressen. Eine Abkehr von militärischen Interventionen würde dabei durchaus mit sicherheitspolitischen Makrotrends im Westen übereinstimmen, etwa dem Abzug Frankreichs aus Mali oder dem Ende des Afghanistankrieges nach dem Fall von Kabul im August 2021. Dennoch stellt sich die Frage, ob Deutschlands militärische Führungsrolle im Rahmen der *Zeitenwende* nicht auch die grundsätzliche Bereitschaft zur Teilnahme an robusten internationalen Kampfeinsätzen, etwa zur Terrorismusbekämpfung, miteinschließen muss und ob Deutschland sein internationales Engagement nicht auch über Europa hinaus weiter verstärken muss, etwa in der fortgesetzten Ausbildungshilfe für die Streitkräfte befreundeter Staaten auch außerhalb Europas.

Die Entscheidung der Bundesregierung, eine aktive Rolle im Indo-Pazifik zu spielen und regelmäßig Einheiten aus Luftwaffe, Marine und Heer zu gemeinsamen Übungen mit demokratischen Partnernationen, wie z. B. Australien, in die Region zu entsenden, deutet darauf hin, dass die Bundeswehr auch in Zukunft regelmäßig militärische Aufgaben jenseits der Verteidigung des NATO-Territoriums wahrnehmen wird. Eine politische Aufarbeitung der Auslandseinsätze der letzten 20 Jahre sollte dabei die *Zeitenwende* begleiten und sowohl die Formulierung relativ wolkiger Einsatzziele und das rhetorische Verwischen der Realitäten des Krieges als auch die innenpolitischem Kalkül geschuldete weitgehende Selbstbegrenzung der Auslandseinsätze der Bundeswehr auf Logistik, Sanität und Aufklärung kritisch hinterfragen. Idealerweise wird Deutschland hier eine neue Einsatzdoktrin formulieren, die sich auf den realistischen Ausgleich von militärischen Mitteln und politischem Zweck konzentriert.

Die Zeitenwende als Herausforderung für Politik, Gesellschaft und Militär

Der dritte Teil des Buches stellte dann die Frage nach der Bedeutung der *Zeitenwende* für Gesellschaft, Politik und Militär in Deutschland, insbesondere was den Wandel kulturell etablierter Leitbilder von Sicherheitspolitik und Verteidigung angeht.

Was die Debatte um die gesellschaftliche Rolle und Akzeptanz der Bundeswehr angeht, verweist *Frank Stengel* darauf, dass der Eindruck eines im Zuge der Zeitwende zu Grabe getragenen Pazifismus unter der deutschen Bevölkerung und den politischen Eliten des Landes irreführend ist. Die Bundeswehr genießt als Institution kontinuierlich hohes gesellschaftliches Ansehen und auch die kontrovers diskutierten Auslandseinsätze stießen nicht auf eine fundamentale gesellschaftlich Ablehnung, eher auf eine weitverbreite Skepsis gegenüber gewissen Arten von Auslandseinsätzen, insbesondere gegenüber internationalen Kampfeinsätzen. Insofern bedeutet die Zeitwende eher die Kulmination eines jahrzehntelangen Prozesses der gesellschaftspolitischen Normalisierung der Streitkräfte als Instrument deutscher Außen- und Sicherheitspolitik. Gleichzeitig bleibt das Leitbild einer militärischen Zurückhaltung unter den politischen Eliten des Landes, insbesondere innerhalb der SPD, aber auch in weiten Teilen der Bevölkerung einflussreich – und hier deutet sich eher eine vorsichtige Weiterentwicklung der bestehenden strategischen Kultur als eine revolutionäre Umkehr an.

Jennifer Menninger kommt in diesem Kontext zu dem Schluss, dass eine politische und gesellschaftliche Wende hin zu einer feministischen Außenpolitik auch sicherheitspolitisch relevant ist und die *Zeitenwende* um eine entscheidende Dimension ergänzen kann. Die Beseitigung struktureller Ungleichheiten und Diskriminierung, wozu auch rassistische Strukturen und Machtverhältnisse zählen, sowie die Integration von Frauen und Mädchen in politische Prozesse, etwa bei Peacekeeping Missionen, können einen entscheidenden Beitrag zur internationalen Konfliktprävention und -beilegung leisten. Ein multidimensionaler Sicherheitsbegriff, der die nationale Sicherheit mit dem Begriff der Human Security verbindet, sollte dabei sowohl die Bundeswehr als auch zivile Instrumente stärken und entsprechende finanzielle Mittel für Krisenbewältigung, Wiederaufbau in Konfliktgebieten, zivilgesellschaftliche Hilfen und Infrastrukturprojekte bereitstellen.

Wie *Ilhan Akcay* ausführt, berührt der Krieg in der Ukraine aber auch Fragen der militärischen Konfliktanalyse und Zukunftsplanung und die Frage danach, welches Kriegsbild für die Bundeswehr im 21. Jahrhundert bestimmend sein wird. Man sollte hier der Versuchung widerstehen, sich im Denken zu einseitig auf den Ukrainekrieg zu fokussieren, also dem Diktum ‚to fight the last war' anheimzufallen. Neben der notwendigen Rückbesinnung auf die konventionelle Abschreckungsrolle Deutschlands innerhalb der NATO wird es deshalb auch darauf ankommen zu erörtern, wie sich die Bundeswehr zur irregulären und unkonventionellen Kriegsführung und entsprechenden Einsatzszenarien, etwa im urbanen Umfeld, positioniert. Gleichzeitig ist zu erwarten, dass die Bundeswehr neben der Fähigkeit zum Gefecht der verbundenen Waffen in zukünftigen Konflikten auch das ganze Spektrum militärischer Unterstützungsleistungen wird beherrschen müssen, von Logistik bis hin zu Aufklärungs- und Ausbildungshilfe an Partnernationen. Die zentrale Herausforderung für eine erfolgreiche Umsetzung der *Zeitenwende* aber bleibt, ein neues sicherheitspolitisches Selbstverständnis Deutschlands zu entwickeln, das sich weder an der reinen Abschreckungsrolle des Kalten Krieges noch der Friedensdividende und den langfristig planbaren Auslandseinsätzen nach 1990 orientiert, sondern Deutschland konsequent als Zentralmacht der europäischen Sicherheits- und Verteidigungsarchitektur etabliert. Wie auch *Kersten Lahl*, *Rolf Clement* und *Eva Högl* in ihren Beiträgen betonen, erfordert eine solche strategische Neubestimmung die entsprechenden materiellen, politischen und gesellschaftlichen Anpassungen.

Ausblick auf die Zukunft der Zeitenwende

Deutschland muss in Zukunft in der Lage sein, früher, schneller und entschlossener zu handeln, um für seine europäischen Partner glaubwürdig Sicherheitsvorsorge zu leisten. Dabei wird auch zu überlegen sein, wie Deutschland neben der Veröffentlichung einer Nationalen Sicherheitsstrategie, die erstmalig für das Jahr 2023 angedacht ist, weitere institutionelle Anpassungen vornehmen kann, insbesondere durch die Etablierung eines Nationalen Sicherheitsrats nach US-amerikanischem Vorbild, um die Planung, Koordinierung und Umsetzung einer integrierten Außen-, Sicherheits- und Verteidigungspolitik besser zu gewährleisten. Der Ukrainekrieg hat aufgezeigt, welche Defizite hier innerhalb der Bundesregierung existieren, etwa im Bereich der strategischen Kommunikation, der Geschwindigkeit der Krisenreaktion und der ressortübergreifenden Abstimmung. Das bestehende System zur Planung und Koordinierung deutscher Sicherheitspolitik, das sich primär auf regelmäßig tagende Staatssekretärsrunden, das *ad hoc* einberufene Sicherheitskabinett und den weitgehend auf Rüstungsexportfragen beschränkten Bundessicherheitsrat (BSR) stützt, stößt erkennbar an seine Grenzen. Die bei uns gängigen Koalitionsregierungen und das Ressortprinzip bedeuten, dass das Modell eines Nationalen Sicherheitsrates, wie es im Präsidialsystem der USA existiert, nicht eins zu eins auf Deutschland übertragbar ist. Dennoch sollte es möglich sein, in der Exekutive Verbesserungen auf der obersten Leitungsebene zu erzielen.

Last, but not least geht es auch um den Ausbau und die Förderung der akademischen und außerakademischen sicherheitspolitischen Forschung, die in Deutschland leider eher ein Nischendasein fristet. Zusätzliche Forschungsmittel, Lehrstühle und Studiengänge mit dem Fokus Sicherheitspolitik, was die kritische Sicherheitsforschung ausdrücklich miteinschließt, wären im Rahmen der *Zeitenwende* ebenso zu begrüßen wie ein noch engerer und verstetigter Gedankenaustausch zwischen Wissenschaftlerinnen und Wissenschaftlern der Friedens-, Konflikt- und Sicherheitsforschung, den in Deutschland tätigen einschlägigen Thinktanks (wie DGAP, SWP, und ECFR) und der Politik, inklusive der einschlägigen Bundesministerien und des Bundestages sowie der Gremien und Fachpolitiker von SPD, Grünen, FDP und CDU/CSU.

Das Spektrum der militärischen Aufgaben Deutschlands reicht dabei von der glaubhaften konventionellen Abschreckung Russlands an der NATO-Ostflanke mit schnell verlegbaren und durchhaltefähigen Land-, See- und Luftstreitkräften, deren Ausrüstung auf der Höhe der Zeit ist, über die fortgesetzte nukleare Teilhabe und Weiterentwicklung militärischer Kapazitäten in Weltraum und Cyberspace bis hin zur weiteren qualitativen Aufrüstung der Ukraine mit Artillerie, Flugabwehrsystemen, gepanzerten Fahrzeugen und modernen Kampf- und Schützenpanzern aus deutscher Produktion. Dies wird in den kommenden Jahren und Jahrzehnten erhebliche Investitionen in die Bundeswehr bedeuten: von der Beschaffung neuer Kampfflugzeuge und Hubschrauber wie F-35, CH-47 und FCAS über die Aufrüstung der Marine mit zusätzlichen Fregatten (F-126, F-127), Korvetten (2. Los K130) und U-Booten (U212CD) bis hin zum Umbau des Heeres mit zahlreichen neu zu beschaffenden Systemen, etwa im Bereich Radpanzer, Artillerie und Flugabwehr. Aber auch die Digitalisierung der Führungs- und Kommunikationsausstattung und das Aufstocken der nur noch in homöopathischen Dosen vorhandenen Munitionsreserven der Bundeswehr, die gegenwärtig für ein hochintensives Gefecht von ca. zwei Tagen ausreichen, werden erhebliche Mittel benötigen. Das Anfang 2023 noch bestehende offizielle NATO-Ziel, 2 % der nationalen Wirtschaftsleistung bis 2024 in die Verteidigung zu investieren, dürfte dabei eher die materielle

Untergrenze dessen bedeuten, was auf Deutschland zukommt, um die Bundeswehr tatsächlich – wie von Scholz mehrfach angekündigt – zur modernsten und schlagkräftigsten Armee Europas zu machen und den gestiegenen Anforderungen der NATO gerecht zu werden.

Angesichts der strategischen Neuausrichtung der NATO auf die konventionelle Abschreckung Russlands an der Ostflanke des Bündnisses scheinen auch Verteidigungsausgaben von 3 % in Zukunft nicht völlig unrealistisch. Deutschland hätte damit wieder einen Verteidigungshaushalt auf Höhe der 1980er Jahre, als die Bundeswehr mit die kampfstärksten Streitkräfte innerhalb der NATO unterhielt. In jedem Fall wird das von Olaf Scholz im Rahmen der *Zeitenwende*-Rede angekündigte Sondervermögen von 100 Milliarden Euro nicht ansatzweise ausreichen, um eine erfolgreiche Modernisierung der Bundeswehr zu gewährleisten. Schon alleine angesichts der stetig zunehmenden Personal- und Betriebskosten wird Deutschland um eine strukturelle Anhebung des Verteidigungshaushaltes nicht herumkommen.

Jenseits der erheblichen finanziellen Herausforderungen der *Zeitenwende* setzt die strategische Neubestimmung Deutschlands eine gewisse mentale Beweglichkeit voraus und eine intellektuelle Bereitschaft in Politik, Medien und Gesellschaft, von kulturell gewachsenen Leibildern wie dem der militärischen Zurückhaltung und außenpolitischen Passivität abzurücken. Es geht dabei nicht um die historische Wiederkehr eines säbelrasselnden, neo-wilhelminischen Deutschlands oder das Zurschaustellen militärischer Stärke als vulgäre Machtdemonstration. Es darf hier auch keine deutschen Alleingänge oder Sonderwege geben, sondern die *Zeitwende* muss im Gegenteil die nationale Sicherheit Deutschlands historisch neu definieren und militärische Stärke als Ausweis deutscher Verlässlichkeit und Verantwortung seinen Freunden und Partnern gegenüber begreifen. Nur mit dieser Neubestimmung nationaler Sicherheit im Rahmen der transatlantischen und europäischen Bündnisse und der internationalen Gemeinschaft kann die *Zeitenwende* die geopolitischen und strategischen Bedrohungen durch die antidemokratischen, neo-imperialen und autoritären Mächte des 21. Jahrhunderts erfolgreich beantworten.

Autorinnen und Autoren

Ilhan Akcay ist Offizier in der Bundeswehr. Er hat Luft- und Raumfahrttechnik an der TU München studiert. Nach seiner Ausbildung zum Offizier der Fallschirmjägertruppe sowie zum Beobachtungsoffizier durchlief er verschiedene Führungs- und Stabsverwendungen und nahm 2019 am Einsatz Capacity Building-Iraq als Führer eines Mobile Training Teams teil.

Dr. Heiko Borchert ist Co-Direktor des Defense AI Observatory der Helmut-Schmidt-Universität, Hamburg, Associate Fellow des Center for Advanced Security, Strategic and Integration Studies, Bonn, und Subject Matter Expert des The Hague Center for Strategic Studies.

Rolf Clement ist Journalist. Er war von 1989 bis 2017 für den Deutschlandfunk tätig, zuletzt als Korrespondent für Sicherheitspolitik. Er arbeitet jetzt als freier Autor, als Experte beim TV-Sender *Phoenix*, als Lehrbeauftragter und hält Vorträge zur Sicherheitspolitik.

Dr. Elisabeth Hoffberger-Pippan forscht bei der Stiftung Wissenschaft und Politik (SWP) zu autonomen Waffensystemen, künstlicher Intelligenz und militärischer Robotik. Seit Oktober 2022 ist sie im diplomatischen Dienst in der Abteilung „Menschenrechte und Volksgruppenangelegenheiten" im Österreichischen Bundesministerium für europäische und internationale Angelegenheiten (BMEIA) tätig.

Dr. Eva Högl ist Wehrbeauftragte des Deutschen Bundestages. Von 2009 bis 2020 war sie Mitglied des Deutschen Bundestages und ab 2013 stellvertretende Vorsitzende der SPD-Bundestagsfraktion.

Kersten Lahl, Generalleutnant a. D., war nach einer mehr als 40-jährigen militärischen Laufbahn von 2008 bis 2011 Präsident der Bundesakademie für Sicherheitspolitik in Berlin. Seither publiziert er zu sicherheitspolitischen Themen und ist im Vorstand der Gesellschaft für Sicherheitspolitik e. V. aktiv.

Dr. Georg Löfflmann ist Lecturer in US Foreign Policy an der Queen Mary University of London. Seine Forschungsschwerpunkte sind die Internationale Sicherheitspolitik, insbesondere Grand Strategy, Sicherheit, Nationale Identität und Narrative, sowie die amerikanische Außen- und Sicherheitspolitik. Zuvor war er Assistant Professor in War Studies/US Foreign Policy an der University of Warwick

Dr. Gustav Meibauer ist Assistenzprofessor für Internationale Beziehungen an der Radboud-Universität Nijmegen. Er forscht zu außenpolitischen Entscheidungsprozessen im Rahmen von Militärinterventionen sowie im Bereich der Theorie internationaler Beziehungen. Zuvor war er als Postdoctoral Fellow an der London School of Economics, wo er auch seine Doktorarbeit zu Flugverbotszonen in der US-Außenpolitik verfasst hat.

Jennifer Menninger ist Geschäftsführerin der deutschen Sektion der Women's International League for Peace and Freedom (WILPF). Sie hat Gender Studies und Politikwissenschaft studiert und beschäftigt sich insbesondere mit einer feministischen Perspektive auf soziale Ungleichheit, Abrüstung und Digitalisierung.

Johannes Peters ist Leiter der Abteilung Maritime Sicherheit und Strategie am Institut für Sicherheitspolitik an der Christian-Albrechts-Universität zu Kiel. Seine Forschungsschwerpunkte sind Seemacht und maritime Strategien im 21. Jahrhundert, Unterwasserseekrieg und U-Boote sowie Piraterie und Handelsschifffahrt.

Severin Pleyer ist Research Fellow am German Institute for Defence and Strategic Studies (GIDS) und Doktorand an der Universität Turku, Finnland. In diesem Zusammenhang forscht er zu Fragen nuklearer Abschreckung und Eskalationsdynamiken.

Dr. Jana Puglierin leitet seit Januar 2020 das Berliner Büro des European Council on Foreign Relations. Ihre Forschungsschwerpunkte sind deutsche und europäische Außen-, Sicherheits- und Verteidigungspolitik, transatlantische Beziehungen sowie die Rolle Deutschlands in Europa.

Dr. Malte Riemann ist Lecturer in International Relations an der University of Glasgow. Seine Forschungsschwerpunkte sind die Militärsoziologie sowie der Wandel des Krieges im 20. und 21. Jahrhundert. Zuvor war er Senior Lecturer in Defence and International Affairs an der Royal Military Academy Sandhurst.

Torben Schütz ist Associate Fellow im Programm „Sicherheit und Verteidigung" der Deutschen Gesellschaft für Auswärtige Politik (DGAP), Doktorand an der Helmut-Schmidt-Universität Hamburg und Research Fellow am dortigen Defense AI Observatory. Seine Forschungs- und Arbeitsschwerpunkte sind deutsche und europäische Sicherheitspolitik, militärische Fähigkeiten, Militärtechnologie und Innovation sowie Fragen der Rüstungsindustrie.

Dr. Frank A. Stengel ist Wissenschaftlicher Mitarbeiter und Ko-Projektleiter im BMBF-Projekt „Wissensproduktion in der deutschen Friedens- und Sicherheitspolitik" am Arbeitsbereich Internationale Politische Soziologie der Christian-Albrechts-Universität zu Kiel. Sein Buch *The Politics of Military Force: Antimilitarism, Ideational Change, and Post-Cold War German Security Discourse* ist 2020 bei University of Michigan Press erschienen.

Joseph Verbovszky ist Wissenschaftlicher Mitarbeiter am Defense AI Observatory der Helmut-Schmidt-Universität Hamburg.

Prof. Dr. Jorit Wintjes ist Akademischer Oberrat am Lehrstuhl für Alte Geschichte der Julius-Maximilians-Universität Würzburg und seit 2018 als Lehrbeauftragter an der Führungsakademie der Bundeswehr tätig. Zu seinen Forschungsschwerpunkten zählen die antike Militärgeschichte, insbesondere die antike Marinegeschichte, sowie der Einsatz von Konfliktsimulationen in der Ausbildung militärischer Entscheidungsträger.